中央文明办中国文明网 编

好人365故事 青少版 第四季

敬业奉献

河北出版传媒集团
河北教育出版社

图书在版编目（CIP）数据

敬业奉献 / 中央文明办中国文明网编. --石家庄 :
河北教育出版社, 2021.12
（好人365故事 ： 青少版. 第四季）
ISBN 978-7-5545-6828-6

Ⅰ. ①敬… Ⅱ. ①中… Ⅲ. ①精神文明建设－人物－
先进事迹－中国 Ⅳ. ①D648

中国版本图书馆CIP数据核字（2021）第248927号

好人365故事·青少版·第四季
敬业奉献
JINGYE-FENGXIAN
中央文明办中国文明网　编

出 版 人　董素山
责任编辑　汪雅瑛　张　畅
装帧设计　牛亚勋
制　　作　德翰广告设计部

出　　版　河北出版传媒集团
河北教育出版社　http：//www.hbep.com
（石家庄市联盟路705号　邮政编码：050061）
发　　行　全国新华书店
印　　刷　明玺印务（廊坊）有限公司
开　　本　787毫米×1092毫米　1/16
印　　张　15.5
版　　次　2021年12月第1版
印　　次　2021年12月第1次印刷
书　　号　ISBN 978-7-5545-6828-6
定　　价　35.00元

人生的价值在于奉献

庄仕华

青少年朋友们，在我们学过的课本里，有许许多多敬业奉献的杰出代表：干一行爱一行的好战士雷锋，人民的好书记焦裕禄，甘愿吃苦、忘我工作的时代楷模孔繁森，一辈子无私奉献的杨善洲……

雷锋曾写过一段话："如果你是一滴水，你是否滋润了一寸土地？如果你是一线阳光，你是否照亮了一分黑暗？如果你是一颗粮食，你是否哺育了有用的生命？如果你是一颗最小的螺丝钉，你是否永远坚守在你生活的岗位上？"

我想，这字里行间孕育的深刻内涵，就是我们新时代青少年"如何谱写青春旋律"的最佳答案，就是敬业奉献。所谓敬业，就是用一种严肃、认真、负责的态度对待自己的学习和工作，勤勤恳恳、兢兢业业、忠于职守、尽职尽责。所谓奉献，就是一种不求回报的给予，是一种高尚的情操品格，是一种出自平凡而高于平凡的精神力量。

敬业奉献不只是一种美德，更是一种精神力量，一种不忘初心、砥砺前行的动力，一种幸福与财富。敬业奉献是践行社会主义核心价值观最直接的体现，事关国家前途、民族命运，事关社会和谐、人民幸福。

我出生在四川一个贫困山区的农民家庭，是党和部队把我这个农民的儿子培养成一名军医，给了我感恩回报新疆各族群众和部队官兵的机会。我在祖国的边疆工作了47年，在戈壁、沙漠、高原、雪山的巡诊路上行走了40多万公里，有许多我亲身经历的好人好事让我感动，给予我温暖，甚至永生难忘。正因为有这些好人故事的鼓舞、激励、鞭策，才使我有更大的动力干好本职工作。

记得鲁迅先生曾说过："愿中国青年都摆脱冷气，只是向上走，不必听自暴自弃者流的话。能做事的做事，能发声的发声。有一分热，发一分光，就令萤火一般，也可以在黑暗里发一点光，不必等候炬火。"因此，我们所要做、所能做的就是从此刻开始，好好把握我们的青春，好好谋划我们的青春，好好利用我们的青春，在学习上、在工作中发光发热，用实际行动践行无悔的青春，奉献青春年华。坚持从自己做起，从身边做起，从平凡做起，从小事做起。无论从事什么工作，都要始终做到吃苦在前，享受在后，勤奋学习、勇于创新、敢于担当，脚踏实地干好每一项工作，创造有价值的人生。

我们要把《好人365故事·青少版（第四季）》中的关于敬业奉献的好人故事，转化为自己的信念动力，融入自觉行动，争做不务空名的行动者和兢兢业业的奉献者；不忘初心、砥砺前行，把自己的梦想融入实现中国梦的奋斗之中，为实现中华民族伟大复兴的中国梦而努力、努力、再努力。

下面，就让我们一起翻开好人故事，细细品读吧！

（作者为当代雷锋、全国敬业奉献道德模范、武警新疆总队医院医生）

目录

MULU

愿将一生献宏谋

他隐姓埋名28载，填补了中国原子核理论的空白，为氢弹突破作出卓越贡献。

他荣获“两弹一星”功勋奖章、国家最高科学技术奖等崇高荣誉，盛名之下保持一颗初心：“一个人的名字，早晚是要没有的，能把微薄的力量融进祖国的强盛之中，便足以自慰了。”

他叫于敏，是“共和国勋章”的获得者。

“国产专家一号”——人们这样亲切地称呼于敏。

没有留过洋，却也成为世界一流的理论物理学家；在原子核理论研究的巅峰时期，他毅然服从国家需要，开始从事氢弹理论的探索研究工作。

那是20世纪60年代。一切从头开始，装备实在简陋，除了一些桌椅外，只有几把算尺和一块黑板。一台每秒万次的计算机，需要解决各方涌来的问题，仅有5%的时长可以留给氢弹设计。

科研大楼里一宿一宿灯火通明，人们为了琢磨一个问题，常常通宵达旦。于敏的报告与彭桓武、邓稼先等人的报告相互穿插，听讲的人常常把屋子挤得水泄不通。

“百日会战”令人难忘。100多个日日夜夜，于敏先是埋头于堆积如山的计算机纸带，然后做密集的报告，率领大家发现了氢弹自持热核燃烧的关键，找到了突破氢弹的技术路径，形成了从原理、材料到构型完整的氢弹物理设计方案。

1967年6月17日，罗布泊沙漠深处，蘑菇云腾空而起，一声巨响震惊世界。新华社对外庄严宣告：中国第一颗氢弹在西部地区上空

爆炸成功！

从第一颗原子弹爆炸到第一颗氢弹试验成功，美国用了7年多，苏联用了4年，中国仅用了2年8个月。

《中国军事百科全书——核武器分册》记载：于敏在氢弹原理突破中起了关键作用。有人尊称他为“氢弹之父”，于敏婉拒。他说，这是成千上万人的事业。

1926年，于敏生在天津的一个小职员家庭，从小读书爱问为什么。进入北京大学理学院后，他的成绩名列榜首。导师张宗燧说：没见过像于敏学物理学得这么好的。

新中国成立两年后，于敏在著名物理学家钱三强任所长的近代物理所开始了科研生涯。他与合作者提出了原子核相干结构模型，填补了中国原子核理论的空白。

正当于敏在原子核理论研究中可能取得重大成果时，1961年，钱三强找他谈话，交给他氢弹理论探索的任务。于敏毫不犹豫地表示服从分配并转行。从那时起，他开始了长达28年隐姓埋名的生涯，连妻子都说：“没想到老于是搞这么高级的秘密工作的。”

20世纪80年代以来，于敏率领团队又在二代核武器研制中突破关键技术，使中国核武器技术发展迈上了一个新台阶。他与邓稼先、胡仁宇、胡思得等科学家多次商议起草报告，分析我国相关实验的发展状况以及与国外的差距，提出争取时机、加快步伐的战略建议。在核试验这条道路上，美国进行了1000余次，而我国只进行了45次，不及美国的二十五分之一。

原子弹、氢弹、中子弹、核武器小型化……这是于敏和他的同事们用热血书写的一座座振奋民族精神的历史丰碑！

名字解密后，于敏收获了应得的荣誉。

在国庆50周年群众游行的观礼台上，刚刚被授予“两弹一星”功勋奖章的于敏，看着空前壮大的科技方队通过广场感慨万分：“这是历史赋予我们每个科学家义不容辞的使命。”

2015年1月9日，于敏荣获2014年度国家最高科学技术奖。他坐在轮椅上，华发稀疏，谦逊与纯朴溢于言表。

我国国防科技事业改革发展的重要推动者、改革先锋……极高的

荣誉纷至沓来，于敏一如既往地低调。于敏家的客厅高悬一幅字：淡泊以明志，宁静以致远。

一滴水，只有放进大海，才永远不会干涸。

2019年1月16日，于敏溘然长逝，享年93岁。

愿将一生献宏谋！他兑现了对祖国的诺言，以精诚书写了中国现代史上一段荡气回肠的传奇。

听好人故事

初心不改　奋斗不息

山西省平顺县西沟村，自古就是要与河道抢耕地、与老天抢粮食的地方。沧海桑田，曾经撂荒的山坡上，如今或已披绿，或梯田成行。村民说，他们这里的人，比起信老天，更愿信劳动的力量。

这里有一位执拗的耄耋老者，年复一年仍坚持着自己劳作。春天播种，下地秋收，冬天除雪，步履日渐蹒跚，但她干起活来仍充满力量。除了不时整理行装进京开会，几乎没什么能把她和普通农妇一眼区别开。

一身深蓝色粗布衣服、一头刚盖住耳朵的短发，在1975年剪掉长辫子之后，申纪兰40多年来一直保持着这种在农村最常见的打扮。她一生不曾离开劳动，即便89岁高龄，每天还是力所能及地参加劳动。

“要和乡亲们在一起，把根永远扎在农村大地上。”她说，这是她的初心。

申纪兰1929年出生于山西省平顺县山南底村，是全国唯一连任十三届全国人大代表的人，一生堪称传奇。

申纪兰嫁到西沟村时才18岁，婚后第六天就下地干活，一生信守“劳动就是解放”。

20世纪50年代，她带着十几个姐妹加入互助组，和男人一样种树开荒，把男女“同工同酬”变成了现实。

至今，村里仍流传着关于“同工同酬”的斗争故事。

当时男女不平等的报酬挫伤着妇女的劳动积极性，很多妇女只愿意干“家里活儿”，不愿出门参加社会劳动，而这又成为阻碍妇女地位提高的关键。

为了让妇女得到真正的解放，申纪兰走家串户，向妇女宣传“劳动才能获得解放”的道理，同时努力做男社员的思想工作，积极争取男女同工同酬。申纪兰认为，只有干出成果，才能让妇女不再受歧视。

眼看着春播快开始了，成堆的粪要往地上匀。妇女装一天粪7分工，男人挑粪、匀粪一天10分工。干了一天，妇女们都想挑粪、匀粪。男人不愿意，那就比赛。一样多的人和地，男人休息了，妇女不休息，不到晌午，妇女们都匀完了，有的男人还没匀完，连最反对同工同酬的男社员也说："该提高妇女的底分了。"

不久，全国妇联、山西省妇联的同志也来到西沟村。一是考察，二是帮着申纪兰出谋划策。在妇联的支持下，申纪兰带领西沟村妇女提高劳动技能，还设立了农忙托儿所，使妇女能专注劳动。

到1952年，西沟村已经实现了"男女干一样的活儿，应记一样的工分"。1954年9月，在中华人民共和国第一届全国人民代表大会上，申纪兰提出的"男女同工同酬"倡议被写入了中华人民共和国第一部宪法。

1983年，西沟村实行家庭联产承包责任制，迎来改革开放后的新起点。两年后，申纪兰带领乡亲们办起了平顺县第一个村办企业，西沟村逐渐走上了快速发展的道路。

现在，西沟村有集体企业4家、民营企业12家。2018年，村集体可支配收入210万元，农民人均纯收入9800元。

但为了响应党中央保护环境的号召，不把污染留给子孙后代，2012年，申纪兰和西沟村民决定，拆除了不符合国家产业政策和环保要求的铁合金厂，重新寻找发展定位。几年间，西沟村的红色旅游基础设施一一兴建，新产业基地拔地而起，引进的知名服饰公司开工生产。

作为唯一连任十三届的全国人大代表，申纪兰通过建议和议案将老区脱贫振兴带入了快车道。中西部开发、引黄入晋工程、太旧高速公路、山西老工业基地改造等促进了经济发展；平顺县提水工程，平顺县二级公路建设，平顺县集中供热、集中供气工程等改善了当地群众的生活。

在申纪兰身上，“勿忘人民、勿忘劳动”的初心已经化为血液。即便在担任山西省妇联主任期间，她依然早早起床，给大家扫地、打开水、擦桌子，也不曾将自己和孩子的户口迁到城市。

申纪兰对物质生活看得很轻。她住的仍是20世纪60年代的老房子，有一张旧桌子和一个旧式小柜子，一张老式木床占了半个屋子，没有一件现代化家具和高档电器，但她却多次将奖金捐给村集体。她坚持不领厅级干部工资，原来每月只拿村集体150元补贴，这两年才涨到300元。

“什么时候也不能忘记党的教导，不能脱离群众，要给群众干工作。”申纪兰说。

2020年6月28日，申纪兰与世长辞，享年91岁。但“初心不改、奋斗不息”的精神必将代代传递，成为实现中华民族伟大复兴“中国梦”源源不断的澎湃动力！

听好人故事

用一生“牧星”的“大总师”

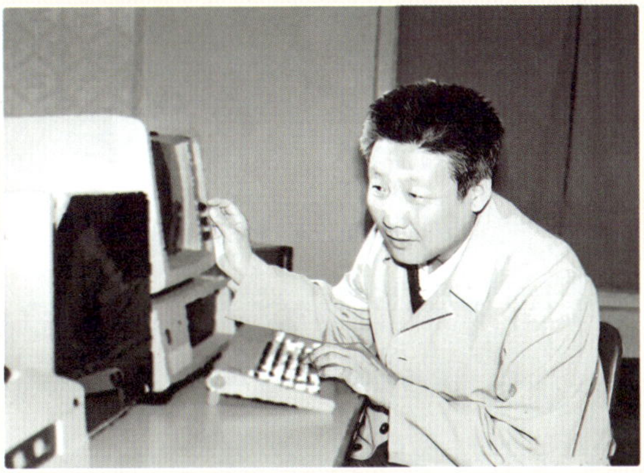

获得过“两弹一星”功勋奖章、国家最高科学技术奖和“全国优秀共产党员”、“改革先锋”等称号的他，在新中国成立70周年之际，又荣获“共和国勋章”。他，就是我国人造卫星技术和深空探测技术的开创者之一、中国航天科技集团有限公司原高级技术顾问孙家栋院士。他的名字始终与中国航天事业的发展紧紧相依。

从“东方红一号”到“嫦娥一号”，从“风云气象卫星”到“北斗导航卫星”，背后都有孙家栋主持负责的身影。翻开他的人生履历，就如同阅读一部新中国航天事业的发展史……航天是一项非常复杂的系统工程，每项工程由卫星、火箭、发射场、测控通信、应用等数个系统构成，每个系统都有自己的总设计师或总指挥，孙家栋被称为中国航天的“大总师”。

回顾几十年的工作，孙家栋认为自己“仅仅是航天人中很平常的一个”。他经常说，是中国航天精神铸造了中国第一星，是中国航天事业发展成就了自己。

一次发射中，卫星在转运途中不慎发生了轻微碰撞，试验队员们一下子慌了神，谁也不敢保证这会不会对发射造成影响。

接到紧急报告后，孙家栋当天就从北京赶到了西昌，一下飞机就直奔卫星试验厂房。了解清楚现场情况后，当时已经快80岁的他马上钻到了卫星底下，对着卫星的受创部位仔细研究起来。

“卫星没事儿，能用！”孙家栋的一句话，让大家悬在半空的心踏实了下来。

“搞航天工程，没有好坏，只有成败。要保成功，就必须发扬严格、谨慎、细致、务实的作风。”孙家栋总是这样告诫年轻人。

4月是中国航天的重要月份，其中既有中国航天日，又有孙家栋的生日。如今已经年过90的孙家栋，与卫星打了一辈子交道。

曾经有人问孙家栋：“航天精神里哪一条最重要？”

“热爱。”他不假思索，“如果你不热爱，就谈不上奋斗、奉献、严谨、协作、负责、创新……”

几十年来，正是凭着这个信念，尽管从事着充满风险的航天事业，但孙家栋从来没有被困难吓倒，反而愈挫愈勇。

20世纪70年代，孙家栋带领团队研制我国第一颗返回式遥感卫星，发射时出现了意外。震惊过后，孙家栋带着大伙儿在天寒地冻中把大片的沙漠翻了一尺多深，拿筛子把炸碎的火箭卫星残骸筛出来，最终找到了失败的原因。一年后，一颗新的卫星腾空而起。

1984年，中国第一颗试验通信卫星发射后，在向定点位置漂移过程中发生了意外。孙家栋果断地发出了打破常规的指令——他要求再调5度，最终，正确的指令使卫星化险为夷。

2009年，在孙家栋80岁生日时，钱学森专门致信祝贺。钱老在信中说："自第一颗人造地球卫星首战告捷起，到绕月探测工程的圆满成功，您几十年来为中国航天的发展作出了突出贡献。共和国不会忘记，人民不会忘记。"

2019年1月，嫦娥四号探测器成功实现人类首次月球背面软着陆，开启了全新的月球背面探索之旅，举国沸腾，世界瞩目。

时针拨回15年前，当国家启动嫦娥一号探月工程时，已经75岁的孙家栋毅然接下了首任探月工程总设计师的重担。

大多数人在这样的高龄都功成身退，他却冒着风险出任探月工程总设计师。对于别人的不理解，孙家栋只有一句话："国家需要，我就去做。"

在嫦娥一号顺利完成环绕月球的那一刻，航天飞行指挥控制中心里，大家全部从座位上站起来，欢呼雀跃、拥抱握手，而孙家栋却走到了一个僻静的角落，悄悄地背过身子，掏出手绢在偷偷擦眼泪。

"孙家栋无疑是一位战略科学家，总能确定合理的战略目标。"嫦娥一号卫星总设计师、中国航天科技集团五院深空探测和空间科学首席科学家叶培建院士说，"在困难面前，他绝不低头；在责任面前，他又'俯首甘为孺子牛'。"

孙家栋的一大长处，就是善于协调各种复杂的技术问题，找到最经济、最合理的解决办法。

“几十年的实践证明，核心技术是买不来的，航天尖端产品也是买不来的。我们必须依靠自己的力量发展航天技术。”孙家栋说。

近年来，孙家栋特别强调要坚持自主创新：“在一穷二白的时候，我们没有专家可以依靠，没有技术可以借鉴，我们只能自力更生、自主创新。今天搞航天的年轻人更要有自主创新的理念，要掌握核心技术的话语权。”

“中国的发展依然任重道远，我们一定要跟着党中央，和大家一起共同努力，尽个人微薄之力，把我们国家的事业搞好，真正实现中国梦，富起来、强起来，完成好我们这一代人的历史使命。”孙家栋说。

听好人故事

“一级英雄”不改初心使命

解放战争中，他在冰天雪地的东北和国民党军拼过刺刀，在山势险峻的湘西和土匪“掰过手腕”；抗美援朝战场上，他带领官兵夺回失守的346.6高地，顶住了敌人多次反扑，被志愿军总部授予“一级英雄”称号，荣立了特等功；凯旋之后，他继续投身国防事业，20世纪70年代来到祖国南疆，从此扎根祖国边陲。他是李延年，“共和国勋章”获得者，一位一生默默奉献、践行初心和使命的军队老党员。

1945年10月，李延年参军前往东北。初到东北，李延年和战友们连一件像样的冬衣都没有。部队纪律非常严明，他们从不入户打扰群众，群众也非常拥护部队。

部队缺粮，群众主动把粮食送了过来。部队把群众送来的物资一一造册登记，打上欠条，并郑重承诺：解放后新政府一定如数奉还。

根植于人民的军队是不可战胜的。辽沈战役打响后，李延年所在纵队参加黑山阻击战，堵住廖耀湘兵团。

在阻击战最关键的时候，李延年和战友们连夜急行军100多里，双腿跑赢了敌人的汽车，赶在天亮之前到达预定地点修筑工事。在修筑工事期间，敌人以数倍兵力扑了上来，发起一轮轮强力冲击，一批批战友倒在了前沿阵地。他清晰地记得，在那场空前惨烈的战斗中，一个战友牺牲了，另一个就主动补上去，许多战友献出了宝贵的生命……

那次战斗，李延年和战友们坚守了3天，为友邻部队对敌人实施包围争取了宝贵的时间。

辽沈战役结束后，李延年参加了平津战役，每战争先的他连连立功受奖。1950年8月，在湘西剿匪的李延年，被提拔为连队指导员。

抗美援朝战争爆发后，李延年随志愿军入朝作战。这段岁月也是他一生中最难忘的。

1951年10月，李延年担任志愿军某营7连指导员。他所在营奉命对失守的346.6高地实施反击。

前两个营在敌人炮火猛烈攻袭下伤亡惨重，营里接到命令执行强攻任务。李延年在攻击时发现敌人每隔3分钟左右就会打一轮炮，掌握这个规律后，李延年和战友利用这个间隙慢慢摸了上去。经过激烈的战斗，他们终于把高地夺了回来。

这时，连队的机关枪已打得无法连发，步话机也被打烂，后方指挥所无法知晓他们的情况。当时，李延年所在连只剩下40多个人，其他连队情况更差。全营弹药严重不足，部队就到阵地前沿去收集敌人遗弃的武器和弹药。

两夜一天的战斗，敌人一轮又一轮地压向我军阵地。打完弹药的官兵，靠捡拾敌人留下来的武器打退了一波又一波的敌军。一名战士在子弹打光后，拿着爆破筒与冲上阵地的20多个敌人同归于尽。看到战友一个接着一个牺牲，李延年带领官兵坚守阵地，直到得到上级命令才撤出阵地。

1952年11月，李延年被志愿军总部授予“一级英雄”称号，记特等功1次，并获朝鲜民主主义人民共和国自由独立二级勋章。

后来，李延年又参加了多次战斗。60多年过去了，这段悲壮的历史成为李延年永不磨灭的回忆。多少曾经日夜相处的战友，生命永远定格在了20余岁的青春年华。

离休之后的李延年生活简朴低调，家中养着仙人掌、三角梅。他时常看着这些花草，觉得这些一棵棵在恶劣环境中顽强生长的植物，像极了他们这些从革命战争年代走过来的人，都有一种压不垮的气势。

南宁市许多中小学邀请李延年为学生作红色教育讲座，他也从不提及自己的功劳。李延年说："所有荣誉不是给我个人的，都是国家对所有烈士的褒奖，我们要永远铭记这些为新中国牺牲的英雄们。"

为了做好革命精神的传承和教育，李延年把个人获得的各类证章大部分捐献给了博物馆、军史馆，并经常为青少年讲述战斗故事、传承战斗精神，积极宣传爱国主义思想，在青少年中弘扬优良革命传统。

在李延年家中，有一幅南宁市红星小学学生送给他的手工画，内容是操场上的两名小学生向鲜红的国旗敬礼。每当有客人来家里的时候，李延年都会把这幅画拿出来给大家看。

"学生对于历史的认识很多时候停留在书本上，作为战争亲历者讲述历史，更具说服力和感染力。"广西军区南宁第三离职干部休养所政委肖兮说。只要有学校邀请李延年作讲座，他都会欣然前往。

为了讲好历史，李延年多年来坚持读书、看报、听广播，刻苦学习党的理论。他卧室的书桌上摆满了各类政治学习书籍，书和笔记本上密密麻麻地记满了理论要点和心得体会。

近年来，李延年被广西军区先后评为“先进离休干部”“优秀共产党员”“践行当代革命军人核心价值观先进个人”，始终保持老党员、老军人、老英雄的革命本色，用实际行动践行共产党员的初心和使命。

2019 年中秋节前夕，广西军区军史馆烈士墙前，李延年驻足凝视，轻抚着牺牲战友的名字，他缓缓举起右手，敬了一个标准的军礼。

听好人故事

英雄无言藏功名　不改本色守初心

若不是国家开展了退役军人的信息采集工作，张富清不知道什么时候才会拿出他的古铜色皮箱，这个皮箱已经跟了他六十多年，锁头早就坏了，一直用尼龙绳绑着。依着父亲的要求，儿子张健全小心翼翼地打开箱子，把里面的一个布包送到了县人社局。

打开一看，在场的人都震惊了。

一本立功证书，记录着张富清在解放战争时立下的战功：军一等功一次，师一等功、二等功各一次，团一等功一次，两次获“战斗英雄”称号。

一份由彭德怀、甘泗淇、张德生联名签署的报功书，讲述了张富清“因在陕西永丰城战斗中勇敢杀敌”，荣获特等功。

一枚西北军政委员会颁发的奖章，镌刻着“人民功臣”四个大字……

小时候在老家时，张富清就听地下工作者讲，共产党领导的是穷苦老百姓的军队。从此，信仰的种子埋进了他的心中，张富清主动要求加入了人民解放军。

在团结友爱的集体中，在历经一次次血与火的考验下，张富清彻底脱胎换骨，为谁打仗、为什么打仗的信念在他的心中愈发清晰。

入伍后仅4个月，张富清因接连执行突击任务作战勇猛，获得全连各党小组一致推荐，光荣地加入了中国共产党。

这些立功的证书和勋章，连老伴孙玉兰都不知道，她见到的只有丈夫的满身伤疤。

张富清的右腋下被燃烧弹灼烧，黑乎乎一大片。脑壳上面陷下去一道缝，一口牙齿被枪弹震松。一年四季，张富清几乎都戴着帽子，不是因为怕冷，而是因为头部创伤留下后遗症，变天就痛。左手拇指关节下，一块骨头不同寻常地外凸，原因是负伤后包扎潦草，骨头变形回不去了。

每一道伤疤都是一次英勇的出生入死，张富清曾在最惨烈的永丰战役中幸运地活了下来。

“永丰战役带突击组，夜间上城，夺取敌人碉堡两个，缴机枪两挺，打退敌人数次反扑，坚持到天明。我军进城消灭了敌人。”这是张富清的立功证书上对永丰战役的记载。

1948 年 11 月，发生在陕西蒲城的这场拼杀，是配合淮海战役的一次重要战役。天亮之前，不拿下碉堡，大部队总攻就会受阻，解放全中国就会受到影响。入夜时分，上级指挥员的动员让张富清下定了决心。他所在的连是突击连，他主动请缨，带领另外两名战士组成突击小组，背上炸药包和手榴弹，凌晨摸向敌军碉堡。

一路匍匐，张富清率先攀上城墙，又第一个向着碉堡附近的空地跳下。四米多高的城墙，三四十公斤的负重，张富清脑海里闪过一个念头：跳下去成功就成功了，不成功就牺牲了，牺牲也是光荣的，是为党为人民牺牲的。

落地还没站稳，敌人围上来了，他端起冲锋枪一阵扫射，一下子打倒七八个敌人。突然，他感觉自己的头被猛砸了一下，手一摸，满脸是血。顾不上细想，他冲向碉堡，用刺刀在下面刨了个坑，把八颗手榴弹和一个炸药包码在一起，一个侧滚的同时，拉掉了手榴弹的拉环……

那一夜，张富清接连炸掉两座碉堡，他的一块头皮被子弹掀起。另外两名突击队员下落不明，突击连“一夜换了八个连长”。

真实的回忆太过惨烈，老人从不看关于战争的影视剧。偶尔提及，他只说起一些零碎片段：多数时候没得鞋穿，把帽子翻过来盛着干粮吃；打仗不分昼夜，睡觉都没有时间；泪水血水在身上结块，虱子大把地往下掉……

1949年9月，中华人民共和国成立前夕，张富清随王震率领的第一野战军第一兵团先头部队深入新疆腹地，一边继续剿灭土匪特务，一边修筑营房、屯垦开荒。

1953年年初，全军抽调优秀指战员抗美援朝，张富清又一次主动请缨，从新疆向北京开拔。待到整装待发，朝鲜战场传来准备签订停战协议的消息。张富清又被部队送进防空部队文化速成中学。

1954年冬，陕西汉中洋县马畅镇双庙村，19岁的妇女干部孙玉兰接到部队来信：张富清同志即将从军委在湖北武昌举办的防空部队文化速成中学毕业，分配工作，等她前去完婚。同村的孙玉兰此前只在张富清回乡探亲时见过他一次，满腔热血的女共青团员，对这位大她11岁的解放军战士一见钟情。

孙玉兰和张富清结为夫妻后，没过多久便响应了党的号召，和他一起去了恩施。她没想到，这一去便是一辈子。

来凤是恩施最落后的山区。张富清不怕苦，可他受不了老百姓吃苦。来凤的很多干部都回忆说，无论在什么岗位，他总是往最贫困的地方跑得最多，为困难群众想得最多。

三胡区的粮食生产严重短缺。张富清到了三胡，每个月都在社员家蹲个20来天。干部与群众同吃同住同劳动，士气很快上去了，三胡区当年就转亏为盈，顺利完成了为国家供粮、为百姓存粮的任务。

到卯洞公社任职，张富清又一头扎进不通电、不通水、不通路的高洞。这是公社最偏远的管理区，几十里地，山连着山，把村民与外界完全隔绝。

要想修建公路，和外界打通，这条约5公里长的路，至少有3公里要修建在悬崖上，只能炸开打通。张富清不仅要筹措资金、协调物资，还要组织人手，发动群众。

有的社员“思路不大通”，认为修路耽误了生产。张富清就住到社员家的柴房，铺点干草席地而睡，帮着社员干农活、做家务。到了农闲时节，早上五点，张富清就爬起来，一边忙活一边交心。

上午十一点和下午五点半，一天两次开山放炮，大家都要避险，回家吃饭。一来一回，要费不少时间。有时赶不及，张富清就往嘴里塞几个米粑粑，灌几口山泉水。

一年到头，不到腊月二十八，孙玉兰很少能见到丈夫的身影。有的时候惦记他没得吃、没得穿，她就让孩子们放了学给他送去。

一次，大儿子张建国背了两件衣服、一罐辣椒上山了。十来岁的孩子走到天黑还没赶到，只得投宿在社员家中。第二天，等到天黑，父子俩才打个照面。

老张是真忙啊！社员们看在眼里，从抵制到触动，从被动到主动，群众在张富清的带领下肩挑背扛，终于用两年左右的时间，修通了第一条能走马车、拖拉机的土路。

后来，张富清要调走的消息传开了。临走的那天，屋子外面站了好多人。原来，社员们赶了好远的路，自发来送他了。他们守在门口，往张富清夫妻俩的手里塞米粑粑，帮他们把行李搬上车，一直到车子开了都没有散。

粮食局、三胡区、卯洞公社、外贸局、建设银行……从转业到离休，数十年如一日，张富清就像一块砖，哪里需要就往哪里搬。在来凤这片毫无关联的穷乡僻壤，留下了一个人民公仆任劳任怨的足迹。

“党和人民的要求”就是他一辈子的准则，“符合的就做，不符合的就坚决不做”。分管机关，他没有给家庭改善过住宿条件；分管财贸，他没有为孩子多搞一点营养伙食；分管街道，他没有把一个矛盾问题随意上交……

循着喧闹的城中街道，有一座5层小楼，顺着台阶上到2楼，这里便是张富清老两口的家。

客厅由一张磨损破皮的沙发、一个缺了角的茶几和几个不成套的柜子拼凑而成。厨房里，只有小碗盛着咸菜、米粥和馒头，十分素淡。

这套潮湿老旧的房子是20世纪80年代的，是张富清在建设银行工作时单位分配的。有人说这里条件不好，他只是淡淡一笑："吃的住的已经很好了，没得什么要求了。"

精神富足、生活清淡、追求纯粹——他的名字"富清"，正是他一生的写照。

听好人故事

“杂交水稻之父”的追梦路

确保中国人的饭碗要牢牢端在自己手中，这是“杂交水稻之父”袁隆平认为自己应该为国家担负的责任。他对杂交水稻和它背后维系的国家粮食安全怀有的赤诚初心始终未变。

获得过首届国家最高科学技术奖、“改革先锋”和未来科学大奖等荣誉的袁隆平，在新中国成立70周年时，又获得“共和国勋章”。从第一期超级稻到第四期，以及每公顷16吨、17吨和18吨攻关目标的实现，中国杂交水稻的科研工作水平始终领先于世界。袁隆平一直认为，自己热爱的中国，既是他永攀新高的动力，也是所有梦想的终极目标。

“要想不受别人欺负，国家必须强大起来。”袁隆平从小就意识到了这一点，因此他始终将个人前途与国家利益紧紧相连。他有过体育救国的梦想，也曾打算参军报国，最终，他将自己对祖国的热忱，结成了一串串饱满的稻穗。

“我们国家人口多、耕地少，保障国家粮食安全，唯一的办法就是提高单产。因此高产对于我来说，是一个永恒的主题。”袁隆平说，新中国成立前，自己亲眼见过倒伏在路边的饿殍，这让他感到痛心。于是在1949年，他报考了西南农学院。

1956年，为了响应国家“科学发展规划”，之前还在学校代教俄语的袁隆平，带着学生们开始了农学实验。几年时间，完全靠自己摸索经验的袁隆平发现水稻中有一些杂交组合有优势，并认定这是提高水稻产量的重要途径。培育杂交水稻的念头，第一次浮现在他的脑海。为此，他两次自掏腰包，前往北京拜访育种学家鲍文奎。

1966年，袁隆平发表了论文《水稻的雄性不孕性》，这篇论文拉

开了中国杂交水稻研究的序幕。1970年，在海南发现的一株花粉败育野生稻，让杂交水稻研究打开了突破口。袁隆平给这株宝贝取名为“野败”。1973年，在第二次全国杂交水稻科研协作会上，袁隆平正式宣布籼型杂交水稻三系配套成功，水稻杂交优势利用研究取得了重大突破。

回忆起那段攻坚克难的日子，袁隆平记忆里最深刻的细节之一，是背着足够吃好几个月的腊肉，倒转好几天的火车，前往云南、海南和广东等地辗转研究，只为寻找合适的日照条件。袁隆平说，这样的经历“就像候鸟追着太阳”。

1981年，国务院将“国家技术发明特等奖”授予以袁隆平为代表的全国籼型杂交水稻科研协作组。“欧美、日本等都在开展相关研究，但只有我们应用到了大面积生产中。”多年以后，袁隆平还清楚记得当时在接受奖项时说的话：“杂交水稻还有很大潜力，我会不断攀登新的高峰。”

1986年，袁隆平正式提出杂交水稻育种战略：由三系法向两系法，再到一系法，即在程序上朝着由繁到简但效率更高的方向发展。经过多年努力，两系法获得成功，它保证了我国在杂交水稻研究领域的世界领先地位。

1984年，湖南省杂交水稻研究中心成立，大批优秀人才从基层单位进入中心，袁隆平还积极争取经费把他们送到国外深造。

“国家下拨的第一笔经费就高达500万元。”袁隆平说，中心因此迅速建起了温室和气候室，配置了200多台仪器。那个曾经简陋的海南南繁基地，被标注在了三亚地图上，从一个偏远小农场变成具有国际重要影响的科研基地。

1996年，农业部正式立项了超级稻育种计划。4年后，第一期每亩700公斤目标于2000年实现。随后便是2004年800公斤、2011年900公斤、2014年1000公斤的“三连跳”。

从党的十九大开始，是国家全面建成小康社会的决胜期，在袁隆平看来，小康社会就是要从“吃饱”向“吃好”转变。国家强盛了，老百姓生活提高了，袁隆平的研究当然不会止步不前。

目前，袁隆平领衔、已实施10多年的超级杂交稻“种三产四”丰产工程开始从过去强调产量，向兼顾绿色优质的目标转变。2018年，“种三产四”丰产工程最显著的变化是：在30多个参与品种中，优质稻占比超过30%，其中不少品种的米质已经达到国家二级标准，这些品种同时还具备广适性、高抗性和低成本等特点。

2017年9月，袁隆平院士领衔、湖南省农科院研发的“低镉水稻技术体系”可以让饱受重金属污染之困的地区，水稻平均含镉量下降了90%以上。这是一个巨大突破，而且这项技术运用起来简单易行，成本不高。2018年，经过持续一年的多点生态试验，大面积培育“低镉稻”已有了技术条件，这为我国从根本上解决“镉大米”问题提供了现实可能。他正在攻关的第三代杂交水稻，争取在未来几年时间内通过审定，进行大面积推广，并逐步替代三系杂交稻和两系杂交稻。

2019年，刚刚度过自己90岁生日的袁隆平说：“我现在已经从‘80后’变成了‘90后’，我希望自己能活到100岁。我对祖国的未来充满信心，我要为祖国的繁荣作出更多贡献。”

听好人故事

于无声中谱写的深海壮歌

目睹山河破碎，同胞受难，他毅然许下“救国”宏志，潜心追寻“造船造舰”抵御外侮的报国梦想；面临大国施压，局势严峻，他日夜坚守攻克难关，让中华民族有了捍卫国家安全的海上苍龙；面对深潜试验，生死考验，他敢于担当冲锋在前，在惊涛骇浪中留下“世界第一人”的传奇身影。他就是被誉为“中国核潜艇之父”的黄旭华，他用赫赫而无名的人生，向祖国无声致敬，谱写了一曲波澜壮阔的深海壮歌。

1924年2月，黄旭华出生在广东省海丰县的一个偏远小镇，父母先后在福音医院做过医生。在黄旭华的记忆中，父母因为乐善好施，在当地赢得广泛的美誉。继承父母的遗业，治病救人便成了黄旭华儿时的心愿。

抗日战争爆发后，沿海省份学校停办。1938年的大年初四，黄旭华背起行囊，告别父母，向着因日寇侵略迁入揭西山区的百年名校聿怀中学出发，经过4天的步行跋涉，终于抵达了学校。此时，他双脚上的血泡早已磨烂。

在这所临时搭起的草棚学校里，黄旭华和同学们整日生活在战战兢兢之中。远远听见了飞机的轰鸣，老师就得提着小黑板带着学生们躲进树林，警报不消除，大家只得在城外干饿着。战事最紧张的时候，学校宣布解散，黄旭华不得不穿越连天的战火，挤过人山人海的火车，辗转梅县、韶关、坪石、桂林等地四处求学。1944年，长途颠簸近两个月，九死一生的黄旭华终于抵达了重庆。

回顾起自己这些年流浪求学、颠沛流离的遭遇，黄旭华在心里默默许下了誓言："如果国家太弱，那我们只会任人欺凌、宰割！我不学医了，我要读航空、读造船，将来制造飞机捍卫我们的蓝天，制造军舰从海上抵御外国的侵略。"

1945年7月，从小在海边长大、对海洋有着深厚感情的黄旭华以专业第一名的成绩考取了上海交通大学造船系船舶制造专业，开始毅然追寻"造船造舰"抵御外侮的报国梦想。

核潜艇诞生于1954年，这一年美国"鹦鹉螺号"核潜艇首次试航。1957年，苏联第一艘核潜艇下水。面对着超级大国不断施加的露骨核威慑，毛主席痛下决心："核潜艇，一万年也要搞出来！"于是，一群平均年龄不到30岁的年轻人挑起了我们国家核潜艇的开拓重任，黄旭华便是其中之一。

在当时的中国，核潜艇的研制没有任何参考资料。黄旭华和同事们只能大海捞针一般，从国外的新闻报道中搜罗有关核潜艇的只言片语，对零零碎碎的资料进行整理。一次偶然的机会，有人从国外带回两个美国华盛顿号导弹核潜艇的儿童玩具模型。这个玩具模型被专家们拆了装，装了又拆。令人惊喜的是，模型居然跟推演出的设计图基本一致。

迈出了万里长征第一步，给了黄旭华不少信心，但随之而来的是更大的压力。核潜艇的研制技术复杂，需要突破核动力装置、艇

体结构及艇型等7大难题，摆在眼前的首要难题就是潜艇艇型。为了减小摩擦阻力，提升水下机动性和稳定性，当时世界上最先进的核动力潜艇艇型采用的是“水滴型”，美国突破这一难关谨慎地“走”了三步，但眼下时间紧任务重，中国怎么办？黄旭华坚定大胆地提出“要三步并作一步走”的战略，在没有计算机的年代，黄旭华和同事们用算盘和计算尺送走了一个个不眠之夜。为了保证数据准确，他们常常是两三拨人分组演算，反复论证，直到结果完全一致为止。

核潜艇的重心和重量会直接影响它在海中的稳定性，因此建造时都要经过定重测试。没有高科技设备，黄旭华和同事们就想出了用“秤”的土办法，将拿进船台的所有设备、材料一一过秤，记录在案。从那以后，黄旭华便多了一个“斤斤计较”的外号。而正是靠这样的“土办法”，排水量达数千吨的核潜艇在下水后的试潜、定重测试值和设计值完全吻合！

1970年，中国第一艘鱼雷攻击型核潜艇下水。当凝结了成千上万研制人员心血的庞然大物稳稳浮上水面时，黄旭华难掩泪水长流。1974年8月1日，中国第一艘核潜艇被命名为“长征一号”，正式列入海军战斗序列。在没有外援、没有资料、没有计算机的情况下，以黄旭华为代表的中国核潜艇人创造了世界核潜艇研制史上前所未有的速度：上马三年后开工，开工两年后下水，下水四年后正式编入海军战斗序列。中华民族开始拥有了捍卫国家安全的海上苍龙。

1988年年初，我国核潜艇完成多次试验后，按设计极限深度在南海做深潜试验。所有参试人员都明白，中国只有常规潜艇下潜经验，而核潜艇要复杂危险得多，任何一个钢板不合格、一条焊缝有问题、一个阀门封闭不足，都可能导致艇毁人亡。当年，美国核潜艇“长尾鲨”号就是在做深潜试验时葬身大海，艇上160余人全部遇难。这艘由里到外全部由中国人自己造出来的潜艇，能闯过中国核潜艇研制史上首次深潜试验的大关吗？

巨大的压力让整个团队陷入了惶惶不安的气氛中，有的艇员甚至给家里写了遗书，做好了牺牲的准备，更多人在宿舍默默哼起《血染的风采》：“也许我告别，将不再回来……”

作为总设计师的黄旭华看在眼里，心中百感交集。“我对我们的核潜艇有信心，我要对我们的潜艇负责，更要对这群战友们负责！”已经年过六旬的黄旭华主动担纲，下潜前，他对参试团队发出总动员：“今天不是叫你们去‘光荣’的，而是要把实验数据带回来。我和你们一起下去，一起克服困难！”

随着下潜深度的变化，艇壳在水压作用下发出咔嗒咔嗒的声音……在场的每一个人都默默地捏紧拳头，屏住呼吸，黄旭华却表现得镇定自若，在听取各项实测数据的报告后，他果断指挥：“继续下潜！”

试验成功了，新纪录诞生了，舱内爆发出雷鸣般的掌声，大家都激动得相拥而泣。黄旭华，这个世界上第一位亲自参与核潜艇深潜试验的总设计师，出艇后即兴写下：“花甲痴翁，志探龙宫。惊涛骇浪，乐在其中！”

1994年，因其在核潜艇研制方面功勋卓著，黄旭华当选中国工程院院士，被媒体誉为“中国核潜艇之父”。他却说：“中国核潜艇是在毛泽东、周恩来、聂荣臻等直接领导下，由大批科研人员和工人师傅集体创造出来的，是集体智慧的结晶，我只是其中一员，在自己的岗位上尽心尽力做了应该做的事。”

核潜艇是高度保密的国防尖端工程，黄旭华把一生都奉献给了他热爱的事业。用妻子李世英的话说，“他是一条道走到‘黑’的”。清苦的科研工作，日复一日的辛劳，在漫长的岁月里，黄旭华留给家人的只有一个永远追不上的背影。

早在黄旭华上任的第一天，领导便与他进行了严肃的谈话："组织上有保密纪律，进了这个门，就得隐姓埋名一辈子……"黄旭华毫不犹豫地答应了，父母多次写信问他：你在北京哪一个单位？你到北京去干什么工作？但他始终闭口不答。即使是20世纪70年代父亲因病去世，他也没回家奔丧。父亲去世时，只知道三儿子在北京工作，但不知道是什么单位，更不知道在干什么。

1987年，上海《文汇月刊》刊登长篇报告文学《赫赫而无名的人生》，描写了中国核潜艇总设计师的人生经历，一时轰动全国。黄旭华把文章寄给广东老家的母亲。文章中只提到"黄总设计师"，没有名字，但文中"他的妻子李世英"这句话让母亲坚定地相信这个"黄总设计师"就是她的三儿子。读着读着，母亲嘴唇哆嗦起来，她没想到，30年人间蒸发、被弟弟妹妹谴责"不要家"的"不孝之子"，竟在为国家做一件惊天动地的"大事"！

黄旭华的妹妹告诉他，母亲当时一而再、再而三地读这篇文章，每次读都是满面泪水。在临终前，黄旭华的母亲把子孙叫到身边，说了一句让黄旭华至今想起仍止不住落泪的话："三哥（黄旭华）的事情，大家都要理解，都要谅解。"

听到母亲这句话，面对着父亲的坟茔，黄旭华顿时泪盈眼眶。"有人常问我忠孝不能双全，你是怎么样理解的？我都会坚定地告诉他们，对国家的忠，就是对父母最大的孝。"

黄旭华的这种家国情怀，也影响了大女儿黄燕妮的一生。这位年过花甲的女工程师，年轻时投身到中国核潜艇研制事业中，循着父亲的人生轨迹一直工作到退休。

如今，黄旭华已经退出了核潜艇研发一线，但整理资料、场外指导、到全国各地作报告，他的脚步却不曾停歇。

“人就像机器，不用就会生锈。我不知道自己什么时候真正退休，只要我能动，就会继续做下去。我愿为国家的核潜艇事业贡献到最后一刻。”黄旭华说。

听好人故事

她用一株小草改变了世界

屠呦呦是家里5个孩子中唯一的女孩，在人们回忆中，读书时的屠呦呦长得蛮清秀，戴眼镜，梳麻花辫。读中学时，成绩在中上游，并不拔尖，但有个特点，只要她喜欢的事情，就会努力去做。她的名字取自《诗经·小雅》中的名句："呦呦鹿鸣，食野之蒿。"根据朱熹的注释，这个"蒿"指的正是青蒿。名字是父亲起的，当时并没有人预料到诗句中的那株野草会改变这个女孩的一生。

1969年，在中医研究院工作的屠呦呦接受了一个代号叫"523"的科研任务。1967年，越南战争陷入拉锯。当时，严重的疟疾疫情席卷战区，杀伤力之大远胜于子弹炸药。有数据显示，美军在越战中总共接到12.3万件疟疾患病报告，其中，丧命的人高达5.2万，致死率将近一半。不仅美军得疟疾，越南人民军也因疟疾伤亡惨重。越南方面后来统计，1961年到1968年，越南人民军除1968年第一季度外，其他时间都是疟疾病员远远超过伤员。当时抗疟药都产生了耐药性，不能用，效果不好，必须要有新的抗疟药来解决老的抗药性的问题。这时候，国内外做了大量的工作，但都没有得到满意的结果。

应越南的请求，在毛泽东、周恩来的指示下，全国60多家科研单位、500多名科研人员集体协作、通力攻关，希望尽快找到防治疟疾的新药。最初召开协作会议的日期，就这样成为一项紧急军工项目的秘密代号。

职称当时还是助理研究员的屠呦呦，之所以被委以重任当上组长，据说是因为她有两大优势：一是性格认真执拗，二是中西医贯通。她领导课题组从系统收集整理历代医籍、本草、民间方药入手，调查了2000多种中草药制剂，选择了其中640种可能治疗疟疾的药方。最后，从200种草药中得到380种提取物在小白鼠身上进行抗疟疾检测。屠呦呦系统地查阅了古代文献，在《肘后备急方》里看到有这么一句话“用水泡了以后把汁挤出来”，从这里面她得到了灵感，开始重新思考提取方法。

两千年前的古法，为屠呦呦送来一根“火柴”，擦亮了它，也照亮了研制抗疟特效药的思路。屠呦呦意识到，温度是保留青蒿有效成分的关键。她改用沸点较低的乙醚进行实验。

那是一个特殊时期。工厂停工，实验室关门，他们只好买来7个大缸“土法”提炼。没有通风系统，更没有防护措施，各种身体不适开始在课题组的科研人员中出现：头晕眼花，鼻子出血、皮肤过敏……老伴李廷钊记得，那段时间妻子整天泡在实验室，回家后满身都是酒精味。因长期吸入乙醚，她还得了中毒性肝炎。

1972年7月下旬的一天，北京东直门医院住进了三位特殊的“病人”。说她们“特殊”，是因为她们并没有病，而是肩负着一个特殊的使命，冒着生命危险来当“小白鼠”，以身试毒。屠呦呦说：“时间是一个很重要的问题，抗疟的季度一般是7月到10月，过去之后病就少了。那个时候我作为负责的，当然心里头着急。我是组长，就给领导打报告说我们要自己来试一下。也不是说盲目试的，因为它有一些毒副反应的因素。”

屠呦呦和课题组的同事准备拿来进行人体测试的是青蒿萃取液，编号191。为了保密，取名“91号”。此前，190次实验都失败了。在当时还没有关于药物安全性和临床效果评估程序的情况下，在自己身上进行实验，是他们用中草药治疗疟疾获得信心的唯一办法。屠呦呦说：“做到青蒿这步，可以用的药已经都筛完了，前面大约试了200多种中药，提取方式加起来380多种。开始这个部分叫做91号，是因为做了191次试验才发现了有效部分。”

在医院严密监控下，一周的试药观察获得了让人惊喜的结果，没有发现这种乙醚中性提取物对人体有明显毒副作用。这一回，成功了！

1973年的新年钟声刚过，屠呦呦发现青蒿奥秘的消息不胫而走。古老的“中国小草”，释放出令世界惊叹的力量。1986年，“青蒿素”获得了国家颁发的一类新药证书。屠呦呦说：“一个东西来之不易，应该国家大力支持，团结起来多做一点工作。我是搞医药领域的，为人类健康作贡献的，能够更多解决问题，那就更高兴了。”

迄今为止，以青蒿素为基础制成的复方药已经挽救了全球数百万疟疾患者的生命。世界卫生组织数据显示，从2000年到2015年，全世界因疟疾死亡的人数减少了近一半。据不完全统计，青蒿素在全球共治疗了2亿多人。2015年，诺贝尔生理学或医学奖授予屠呦呦和两位外国科学家。评委这样评价她对世界的贡献：“众所周知，早在1700年前，这种含有青蒿素的草药对治疗发热具有疗效，但是屠呦呦发现并进一步阐明草药或者其中的部分成分是具有生物活性的。这在医学领域是一个巨大的转变，也使得青蒿素可以大规模生产。”

作为首位获得诺贝尔科学奖项的中国本土科学家，面对荣誉，屠呦呦说：“作为科学工作者，得到诺贝尔奖是一个很大的荣誉。青蒿素及其衍生物的研制成功，是当年研究团队集体攻关的成绩。青蒿素的获奖，是中国科学家群体的荣誉。”

在2019年，中华人民共和国成立70周年之际，89岁的屠呦呦又获得人生最重的一个奖项：中华人民共和国首次颁发的“共和国勋章”。从小低调的屠呦呦，即使在名扬天下后，对于一般的邀约也是能推则推，她不习惯得奖给平静生活带来的变化。

正如她在诺贝尔奖获奖致辞中所说："凡是过去，皆为序曲。然而，序曲就是一种准备。"这位耄耋老人一直时刻准备着，为人类健康造福。屠呦呦说："荣誉的根本问题是责任。荣誉多了，责任也大了。中医药确实是'伟大宝库'，应该把它更多有价值的成果发挥出来，为人类造福。"

听好人故事

乘风破浪的海洋“战士”

海南潭门港是海南岛距离西沙、南沙、中沙最近的渔港之一，这里的渔民赴南海捕捞已有千年历史。走进潭门中心渔港，大吨位渔船相邻停泊，码头上游客往来不断，一派繁忙景象。王书茂是地地道道的潭门渔民，从18岁开始就跟随父辈到南海打鱼，开一艘20吨的小船，在风里浪里讨生活。王书茂说，潭门渔民每年有一多半的时间在南海上度过，这是他们的“祖宗海”。

1985年，潭门海上民兵连建立，29岁的王书茂正式成为一名民兵，第一次以“海上民兵”的身份驶向浩瀚南海，当时他就立志要做好一件事：守护“祖宗海”。

因为熟悉当地社情民情，加入民兵队伍后，王书茂多次执行急难险重任务，每次上阵他都冲锋在前，出色完成任务。

自古行船半条命，海上维权更是充满艰辛。民兵连成立时条件非常艰苦，每个人都肩负着国家的重托。有一次从南沙返航时，台风打坏了20吨的小船，两个同事牺牲，王书茂的骨头也被打断，就这样在海上漂了七八天，没有东西吃，只靠一点点淡水维持生命。

作为副连长，34年来王书茂先后组织民兵抗击台风120多次，救援渔民600多人，此外还积极投身南海维权，执行岛礁建设、驱离非法入境外国船只等重大任务。

王书茂说，潭门海上民兵连数十年如一日的默默坚守，就是为守护好祖宗传下的“责任田”。如今国家强盛，渔民能更放心地出海打鱼和守卫海岛。

从1985年到2019年，王书茂维护着中国的海洋权益，也见证了渔业的突飞猛进。

“30年前50吨的木质渔船就已经很了不起，哪会想到现在有500吨的钢制渔船。”王书茂说。改革开放以来，渔业发展超乎渔民想象。随着国家更重视南海渔业，潭门不再是小渔船拥挤停靠的破旧渔港，而是停满了大吨位渔船的现代化中心渔港。在渔船上也不再只有罗盘和地图，而是各种先进电子设备，如今渔民出海更安全，海上生活质量更好。

当前传统渔业面临转型，王书茂又引导渔民在近海发展观光、垂钓等休闲渔业项目。潭门已逐渐发展成具有鲜明海洋特色的风情小镇，渔民的致富路也越走越宽。王书茂说，现在潭门人都在谈论生活的“几个多”，高楼多、小汽车多、游客多、收入多、人的精神面貌变化多……

在2018年12月18日召开的庆祝改革开放40周年大会上，王书茂被授予“改革先锋”称号，成为海南省唯一获此殊荣的个人。

时光荏苒，王书茂在海上民兵连工作了30多个春秋。虽然已过花甲，但他仍然身体健硕，声如洪钟，依旧为南海维权和保障渔民生产尽心竭力。

每次出海前，王书茂都会上船检查机械设备，反复叮嘱渔民们注意安全。王书茂的一句“一路平安”，是让渔民感觉最踏实的祝福。

作为海上民兵连的领导，王书茂带领民兵维护海洋权益；作为致富带头人，王书茂带领渔民致富奔小康；如今作为“改革先锋”，王书茂带动大家耕好南海“祖宗海”，守好祖国南大门。

“潭门民兵连是我一手组建的，不管风风雨雨都要承担起副连长的职责，为南海贡献一辈子。”王书茂如是说。

听好人故事

为人民扫雷　为军旗增辉

多年来，中越边境线上的云南省文山州麻栗坡县老山、八里河东山一带常常有地雷声响起。昔日的战争在这里留下了面积庞大的边境雷场，密布的地雷让村民吃尽苦头，当地人对它唯恐避之不及，这里也成了令人望而生畏的“生命禁区”。

面对雷场的艰苦环境和苦累险恶，战士们没有退缩，英勇排雷。3年来，他们扫除了数十万枚各类地雷、炮弹、手榴弹、炸弹等各种爆炸物。

眼看排雷工作进入收尾阶段，不幸却发生了……

2018年10月11日13点30分，吃过午饭，经过短暂休整，杜富国和战友艾岩再次进入雷场进行人工搜排作业。

手中的探雷器“滴滴滴”响了起来，杜富国和艾岩发现少部分露于地表的一个弹体，初步判断这是一颗爆炸当量大、危险性高的加重手榴弹。

“报告，发现一枚手榴弹！”杜富国向分队长报告。接到分队长“查明有无诡计设置”的指令后，杜富国对身边的战友艾岩说道：“你退后，让我来。”

杜富国慢慢蹲下身子，按照作业规程，小心翼翼清除弹体周围的浮土。14点39分左右，伴随着“轰”的一声巨响，那枚手榴弹爆炸了。然而，在手榴弹爆炸的瞬间，有着丰富排雷经验的杜富国意识到了危险，下意识地向左侧，也就是艾岩所在的那一侧挪了下身子。也就是这一挪，杜富国替艾岩挡住了几乎所有的碎片和冲击波。

由于杜富国的保护，站在2米开外的艾岩只是被飞起的沙石刮伤了耳朵，没有什么大碍。然而，四射的弹片伴随着强烈的冲击波，把杜富国的防护服瞬间就炸成了棉条状，也把他炸成了一个血人，两个手掌当场被炸飞。送到医院后，由于双眼受伤严重，眼睛也没能保住……

那是2015年的7月，已经在边防部队工作了五年的杜富国收到通知：“为了清除雷患，将开展边境新一轮扫雷行动，组建扫雷大队。”听到这个消息后，杜富国的心里不再平静。“军人的价值在战场，就应该去最危险的地方。”他暗暗下定决心，一定要上雷场。

于是，杜富国主动给连队党支部写了请战书，请求到中越边境扫雷部队参战扫雷。他也是该连队第一个报名的战士，在他的动员下，该连队13名战士报名参与了扫雷。

经过层层审核，杜富国如愿加入了扫雷集训队。可是新的问题又来了，上雷场之前必须先进行扫雷临战训练，不达标是不能上雷场的。

身体素质、操作技能，这些杜富国都没有问题。唯一的难题是，初中毕业的杜富国文化程度不高，那些排雷专业书籍对他来说，别说理解了，很多字都不认识。第一次理论考试，杜富国只得了32分，远远低于战友们的分数。

有一门不合格就拿不到上雷场的“合格证”，这可怎么办？我是当扫雷兵的料吗？我能行吗？不，我不能放弃！经过多次思想斗争，杜富国开始了与书本的“较量”。每天晚上，战友睡觉了，他不是打着电筒在被窝里，就是在寝室外的走廊借着光看书，一看就看到十一二点。死记硬背不行，一有空，他便缠着战友询问，让战友给他讲解。在杜富国简易的书桌上，至今还摆放着一本《中越边境地区常见地雷未爆弹药图册》《现代汉语词典》以及厚厚的几本读书笔记。

从32分到40多分、50多分、70多分、90多分……经过不懈努力，在集训最终考核时，杜富国取得了门门全优的好成绩，如愿以偿地拿到了上雷场的“合格证”。

到了雷场，杜富国依然没有停下学习的脚步。他是全队最快掌握十字交叉探雷法的，并将这个方法优化后教给战友，提高了作业效率。他还熟练掌握了听声辨物法，十几种地雷的声音不一样，每次听到声音，他就能很快辨别出来各种地雷的种类和型号。他也是扫雷四队成立之后第一个在雷场排除反坦克地雷的战士。

在杜富国书桌的笔记本上，记录着这样一句话："优秀的战士，并不是天生的，而是在学习和实践中形成的。"

通过不断学习和钻研，杜富国成为队里排雷业务最精湛的战士之一。之后，由于优异的表现，他成了队里第一批入党的党员。

随着排雷业务越来越精湛，责任心强的杜富国在雷场慢慢形成一个习惯：凡事冲在第一线，主动上前排雷，并提醒战友注意安全。"你退后，让我来"便成了杜富国的一句口头禅。

在复杂的雷场，常常是两个人一组配合进行扫雷。杜富国和艾岩已经搭档了两年，由于艾岩到四队时间晚，技术没有自己好，杜富国常常手把手地教艾岩排雷知识。但是一旦遇到比较危险的排雷任务，杜富国永远都是让艾岩退后，自己上前。

不仅和艾岩是如此，一次，杜富国和战友唐士杰在云南麻栗坡县天保口岸4号洞雷场排雷，在扫出4枚火箭弹后，又发现10多处报警音。该雷场地雷和爆炸物埋设密度、数量、种类为目前中越边境云南段已排除雷场之最。由于该雷场地雷种类繁多、环境比较艰苦、天气又比较炎热，作业时要穿上20多斤的防护装具，对体能和技能要求很高。考虑到唐士杰年龄比自己小4岁，扫雷技术没有自己精湛，杜富国让唐士杰退到50米之外。那一上午时间，杜富国就排除了20余枚火箭弹和8枚地雷。

这样“争”着排雷的事情在杜富国身上发生了很多次。而每一次“争”，每一句“你退后，让我来”，其实都是杜富国在把生的希望留给战友，把死的危险给了自己……

杜富国特别能吃苦，这一点在四队早已是众所周知。

在4号洞雷区排雷，近5个月的时间，平均温度都在40度以上。每天穿着20多斤重的防护服作业，密不透风，就像蒸桑拿一样。就算不作业穿着在树下走，也会全身湿透。

由于坡度大、布雷密度高、天气又非常炎热，为了保存体力、提高作业效率，队里规定，两人一组，在雷区扫雷一天，在营地保障一天，不用天天上雷场。杜富国不干，天天准时准点上雷场，防护服连着一个月被汗水浸泡，都酸臭了。

2016年，在马嘿雷场作业时，下车后往上是一个坡度为60度的长坡，由于山路非常陡，天气也很炎热，战士们还得背着20多斤重的防护服以及一箱25公斤重的扫雷爆破筒，从下车到雷场走路就得大半个小时，体力消耗非常大。另外，这一片地区黄土比较多，一旦下了雨，太阳一晒干就是尘土，一踩上去很容易打滑。在这种危险的情况下，为了提高工作效率，杜富国每次都坚持背两箱扫雷爆破筒。也就是说，杜富国身上的负重至少达到了120斤。

由于能吃苦，肯吃苦，且吃得了苦，战友们也给在雷场上停不下来的杜富国取了个外号“雷场上的小马达”。

在马嘿雷场，由于天气炎热，战士们背的军用水壶里装的1.5升水完全不够喝。从雷场到下车的地方来回至少也要一个多小时，没有水，战友体力得不到补充，大大影响了工作效率。于是，在自己已经背了两箱爆破筒的情况下，杜富国又主动背了一桶19公斤的桶装水到雷场给战友们喝。有了水，当天战友们的作业进度提前了两个小时。在杜富国的带动下，第二天、第三天，陆续有战友主动背水上了雷场。

入伍前，杜富国学过维修技能。于是在四队，他还承担起了全连的“三小工”。何为“三小工”，其实就是帮忙修水修电、干杂活的一个工作，并没有职务。在杜富国床下的箱子上，整齐地摆放着一些工具。周一至周六，杜富国上雷场。每到周日休息，杜富国就拿上这些工具开始进行全队水电线路等的整修。

“在战场上，对讲机喊的次数最多的就是杜富国，因为他带的工具最全，懂的也多。下了雷场，常常也能听到战友呼唤他的名字，有什么坏了找到他，来得快还修得好。”说起杜富国，扫雷大队四队一班班长陈清竖起了大拇指。

“被地雷困扰了大半辈子，解放军战士来了，我们安心多了。为了我们的安全，他们才受了伤，非常感谢他们。”听闻杜富国受伤的消息，盘金良和乡亲们都很难过，有的乡亲还自发到杜富国就医的医院去看望他。

杜富国光荣负伤后，牵挂着他的还有四队的战友。“我们一定会把雷场剩下的雷清除干净，把杜富国未完成的事业完成。”杜富国的受伤不仅没有击倒战友，反而激励了战友们“为人民扫雷，为军旗增辉”的勇气和决心。

听好人故事

种子不死　生于未来

2001年，钟扬首次报名入藏，是出于一位生物学家的责任感。全球气候变暖和人类活动正在引发生物蔓延性灭绝，他想做一个为世界屋脊盘点生物家底的人，为国家的生态安全和人类未来作出贡献。

16年间，从藏北高原到藏南谷地，从阿里无人区到雅鲁藏布江，钟扬团队的行程超过50万公里，遍及西藏最偏远、最艰苦、最荒芜的地区，多次经历生死一瞬。他们收集了上千种植物的4000多万颗种子，占西藏高级植物物种的五分之一，填补了世界种质资源库空白。

他们追踪数年寻获的“植物界小白鼠”拟南芥，是在高寒环境中生长了10多万年的模式植物；他们发现的高原香柏，已从中提取出抗癌成分；西藏巨柏人称藏族“神树”，是制作藏香的重要原料，濒危的国家一级重点保护植物，通常长在悬崖边，周边布满灌丛。钟扬与学生扎西次仁花了3年时间，将3万多棵巨柏逐一采样、登记造册，还通过研究找到可供制香的替代树种，筑起保护巨柏的科学屏障。

为寻找高山雪莲，高原反应严重的钟扬不肯留在珠峰大本营，跟着两名藏族学生拉琼、扎西次仁爬上海拔6000多米处。在珠峰北坡，他们采集到迄今发现的生长在海拔最高处的种子植物鼠曲雪兔子。

“一个基因可以拯救一个国家，一粒种子可以造福万千苍生。”钟扬生前留下的话中，散落着许多与国家、人类命运有关的句子。

他永远在追求时间利用效率的最大化。在办公室，他会列小条子，每件事情都记录在案，完成一项拿掉一个。他会把手机闹铃调在凌晨3点，这个闹铃不是为了叫醒他，而是在提醒自己睡觉，无论睡得多晚，他早上仍会早早起床工作。

为了节省时间，钟扬每次出差都选择最早班飞机，只为上午到达后就能立即开始工作，为此多次深夜睡在机场。最多的一年，钟扬坐了超过170次的飞机，有时密集到一周10趟。

他曾经梦想盘清青藏高原植物种质资源的家底，为人类留下宝贵财富；他曾经梦想上海的海滩能有大片大片繁盛的红树林；他曾经梦想，为西藏培养更多高层次人才，弥合东西部巨大的人才鸿沟……这些梦想他都在一步一步实现。

钟扬不仅是一个善梦者，更是一个追梦者、践行者。

他的下一个梦想是为西藏墨脱地区引种小粒咖啡。这是他为当地

找到的适合种植的经济作物，接下来本该去看第一批幼苗的发芽情况；他还为西藏的生态战略保护工作制定了详细规划，只可惜，他却无法亲手将这些美好蓝图化为现实了。

2017年9月25日凌晨5点多，在赴机场赶飞机前往下一场学术讲座的途中，一场意外车祸夺去了他的生命。2017年9月29日，钟扬同志遗体告别仪式在宁夏银川殡仪馆举行，其后，他的骨灰运回到上海。复旦大学近百名师生前往浦东国际机场，在雨中迎接钟扬归来。校园里挂着怀念钟扬的横幅，上面写着："留下的每一粒种子都会在未来生根发芽。"

从东海之滨到雪域高原，人们呼唤钟扬的名字，为他的去世而悲痛惋惜。

钟扬生前曾说："一名党员，要敢于成为先锋者，也要甘于成为奉献者。"他做到了。

钟扬走了，种子还在。他对祖国的那份深沉的热爱，依然在悄悄流淌。

听好人故事

与“死神”博弈的拆弹专家

白皙的脸庞，清瘦的身材，戴着一副近视眼镜，看似学者模样的梁新宇是重庆警队赫赫有名的“拆弹专家”。谈及“拆弹”这份危险职业，梁新宇言语间充满自信：“干我们这行，绝对不可以判断失误。如果你没有自信，根本无法面对现场紧张的气氛，更无法镇定自若地操作。”

梁新宇的这份自信源于他沉稳果敢的心理素质，更源于他千锤百炼而成的过硬本领。1998 年 9 月，毕业于大连轻工业学院机械电子本科专业的梁新宇考入重庆市公安局治安总队，跨入警营不久，即被遴选进入安检排爆支队。面对安检排爆这份高危职业，梁新宇没有退缩，而是一头扎进了安检排爆知识的海洋。

因为排爆装备大都是国外进口的高精尖设备，为了尽快掌握使用仪器设备和熟练拆弹排爆的技巧，梁新宇起早贪黑练习操作，认真研读各类专业书籍，积极参加安检排爆培训。通过不断摸索和努力，梁新宇逐渐掌握了频率干扰仪、X光检查仪等安检排爆器材的维修本领，还改进了爆炸物销毁器、炸药探测器、炸弹报警器等器材，成长为一名安检排爆器材方面的“全能专家”。

排爆工作需要胆识，也需要谨慎，更需要严格的操作程序。可以说，排爆工作是瞬间决定成败，没有任何教训可以总结，没有任何更正错误的机会。据他介绍，现在的爆炸装置大多是犯罪分子自制的，炸药、结构往往无规律可言。100个犯罪分子自制的炸弹可能有100种不同的构造，排爆手哪怕只有一次判断失误，失去的可能就是生命。

有一次，在一起刑事案件现场，歹徒留下爆炸装置后仓皇逃走。炸弹一旦被引爆，必定造成惨痛后果。情况危急，经过慎重讨论，警队决定即刻将爆炸装置转移到一处空旷工地，再由梁新宇进行手工拆除。

来到工地后，只见梁新宇穿着厚重的排爆服、全神贯注地趴在地上，分秒必争地投入排爆工作，其他人则在安全距离外密切注视着他的一举一动。根据以往的经验，梁新宇先用频率干扰仪屏蔽外界传来的所有无线电信号，防止歹徒引爆炸弹，然后拿着X光机小心翼翼地在爆炸装置上移动，透过外壳看清里面的结构，对电路板、电池、雷管等一一进行排查，最终成功锁定目标！找到炸弹后，全部排爆工作就只剩下最后一步，却也是最关键的一步：拆除炸弹。他定了定神，拿起工具开始拆卸装置。

随着时间一秒一秒地流逝，伴随着装置随时可能爆炸的压力，梁新宇早已变成一个全身湿透的“汗人”。然而，他必须保证双手稳如磐石，不能眨眼、不能擦汗、不能颤动，躯体早已经麻木。顶住巨大的精神压力，克服了身体的一切不适，梁新宇有条不紊地进行着一系列操作：拧拨、剪切、拆卸，“滴——”爆炸装置上跳跃的秒表终于停下了！炸弹的关键部件被取了出来！梁新宇顾不上缓解早已失去知觉的身体，只是高扬起一只手，告诉在场的队友们，这次战斗他们胜利了！

从警以来，梁新宇先后参与处置了百余起涉爆现场，每一次出临现场他都经历着生与死的考验，每一份宝贵的经验都需要冒着生命的危险去获取。回想起每一次与死神擦肩而过，他心有余悸，却义无反顾：“这是排爆手的职责所在，即使随时会牺牲！”

听好人故事

“南归头雁”筑家乡

1989年，曾凡柏南下广州，背井离乡。经过20多年的摸爬滚打，他从普通工人做到翠竹集团的党委委员、党办主任，年薪达50万的“羊城白领”，举家定居广州。

2014年，当得知照耀村在湖北省基层党组织测评中排名倒数后，曾凡柏起了回乡的念头，而家人并不支持。他不顾八旬老母和妻儿的劝阻，毅然孤身回乡，高票当选了村支书。

自此，曾凡柏借住在不足20平方米的单间里，为照耀村的发展、为实现全村人的脱贫致富梦奔走不息。

曾凡柏对村内的发展现状也有一定的思想准备，但他刚上任时，迎接他的却是一个十足的烂摊子，他怎么也没想到村账面仅有700元钱。按坝陵办事处党委书记胡军华的话说，照耀这片土地近乎“板结”，村民们心不平、气不顺、看不到希望。

最初的路有多难，可想而知。为了让村面貌得到改观，曾凡柏忙得不可开交，几乎没有时间吃一顿踏实的饭，常常是中午泡方便面、晚上吃快餐，每月还要倒贴上千块汽油钱。比起广州的舒适日子，他那段日子的生活水平不知倒退了多少倍……

一天半夜，他忍不住给儿子发了一条微信：“我很想你们！”妻子看了泪眼涟涟，问：“你一个人回乡，每天除了盒饭就是泡面，图个啥？”曾凡柏只说：“不为别的，这里是生我养我的地方。”

他扛住压力，通过征求上级支持、拜访成功人士、发起捐资、公开募款等办法，争取资金近40万元，建了便民服务中心、村部广场，添置了篮球架、乒乓球台、健身器材、音响设备，方便群众办事的同时还提供了娱乐休闲空间，让村民看到了奔头。

为了推动养殖业发展，曾凡柏走访村二组的邱青山，劝他带个头。邱青山的妻子连忙阻拦：“我们是一朝被蛇咬啊！”原来，邱家曾经养过鸭，规模一度有千余只。可是，其他村民在庄稼地打剧毒农药，造成邱家损失不少。

曾凡柏了解情况后在村里约法三章，禁止使用剧毒农药。他帮着邱青山调田，使他的田连成大片，便于围圈养鸡。他的雷厉风行，让邱青山一家重拾信心，夫妻俩养鸡1000只，还创办了生态养殖合作社，带动了本村的养殖业迅速壮大。

为了发展村中的集体经济，曾凡柏先后组织9批次300余名村民到广州、珠海、松滋等地学习种养业先进技术，垫付13万元引导村民调整种养结构，制定“三种两样”产业发展规划。经过村民努力，照耀村相继建成袁家河药材、呈祥蔬菜、曾山花卉苗木等基地，“互联网+电商”的模式也让村里的绿色土特产搬上了城里人的餐桌。

如今，照耀村农民人均年收入净增1万多元，翻了两番。村集体从负债100多万元发展到年收入20万元，15名“80后”“90后”青年返乡创业发展起了种养殖业，昔日脏乱差的“后进村”被“先进村”取而代之。

有一次，曾凡柏回广州办事，耽搁了几天行程，几个村民聚在一起议论，担心他一去不复返。他们多次打电话催他早日回乡，说他走之后村里像没了“主心骨”。村民质朴的话语让曾凡柏更加坚定了扎根家乡、建设家乡的信心和决心。

对于照耀村未来的发展，曾凡柏已经描绘了美好蓝图。他筹备的“青蛙农庄”和“红枫林”等项目落户，让照耀村休闲观光农业和美丽乡村游建设蓄势待发。

听好人故事

悬崖上的“蜘蛛人”夫妇

重庆云阳的龙缸景区，集雄、奇、险、俊、秀、丽于一体，被誉为“长江三峡最后的香格里拉”。每到节假日，游客便蜂拥而至，从而产生了大量垃圾，最多时甚至以吨计。由于景区多悬崖峭壁，普通清洁工无法胜任悬崖下的垃圾清理工作，于是便催生了一批“蜘蛛人”——专职悬崖保洁工。吴贵生和解一香夫妇由此与悬崖保洁工作结缘。

在悬崖上作业，往往需要多人协作才能完成。夫妻二人一根安全绳，一端是吴贵生，腰拴绳索吊在悬崖下，身无可倚；另一端是解一香，在崖顶上紧拽绳头，神经紧绷。

龙缸景区有八个景点，核心景区面积大约17平方公里，需要一周才能巡查一遍。所以每天只要天气条件允许，老吴都要下崖捡拾垃圾，上下午算下来要6个小时。4年多时间，他下崖捡垃圾2500多次，解一香这双手就紧紧拽住安全绳2500多次。

夫妻二人作业时，为了保障安全，妻子解一香有三个“必须”的法宝：

第一个必须是“绑绳”。吴贵生腰间绑上绳子吊在悬崖下捡矿泉水瓶、塑料雨衣等垃圾时，两名同事站在崖顶帮忙拉着绳子，解一香则把绳子的末端缠绕在自己身上，死死地拉住。她说，万一前面的人手滑没抓住绳子，她在后面是拼命吊起的，丈夫在下面只要稳当，就不会出啥大事。

第二个必须是“呼喊”。吴贵生在崖下干活，每隔十来分钟，解一香就必须要喊他的名字。要是丈夫没回话，她就放开喉咙大声呼喊："贵生！贵生！贵生……"听到丈夫回话后，她心里才会踏实。如果听不到丈夫回应，解一香就会胡思乱想："怕他再也回不来了，怕不晓得怎么给两个女儿和外孙交代。他可是自己亲手从悬崖上放下去的呀！"

第三个必须是"检查"。每次吴贵生下崖之前，解一香必定要仔细检查安全绳有没有破损；帮丈夫套好绳子后，还要再使劲拉几下，看是否系牢了。待吴贵生干完活儿回到崖顶后，不等他开口说话，她又必定要跨上前，把丈夫从头到脚看个完、摸个遍，还要让他原地转个圈，看看身体是不是完好，有没有受伤。因为悬崖下常常有动物出没，遇到动物很容易受到伤害。

令吴贵生和解一香颇感欣慰的是，近年来，游客越来越理解他们的工作，看到他们干着这份危险而又辛苦的工作，都很感动，不忍心乱扔垃圾，不时地还叮嘱他们千万要小心。这让他们心里倍感温暖，觉得危险和苦累都是值得的。

如今，夫妻俩的体力已一年不如一年。但他们都认为，只要在岗一天，就要做好一天。解一香说："景区是家乡的一部分，既然干了这一行，就要在力所能及的时候坚持干好。就像在悬崖上拉绳子，不能随便放手。"

听好人故事

有讲台的地方就有光明

都说后天失明的人最痛苦，可他不仅没有被黑暗吞没，反而用一颗热诚的心照亮了身边的农村孩子。他叫郭岳，安徽省阜阳市太和县郭庙镇郭寨小学的一名语文老师。

在他看似平凡的人生中，却有太多不平凡的故事。失明的他，凭着超人的毅力，在讲台上坚持了20多年，活出了自己的精彩，在黑暗中又重新找回了光明。

1966年，郭岳出生于郭寨的一户农民家庭，初中毕业后考上了当时的蒙城师范学校。

在当时，这是非常令人羡慕的，意味着毕业后可以分配到学校当老师，捧上“铁饭碗”。

毕业后，郭岳如愿进入家乡的一所中学任教，圆了他的教师梦。

然而，从1990年起，郭岳总感觉眼睛不适，视力下降得厉害。没过多久，一纸诊断书让他如坠冰窟——视网膜晶体状变性。医生说几乎没有治愈的可能，用药也只能延缓病情的发展，最终有一天还是会完全失明。那年他24岁，事业刚刚起步。

3年后，郭岳完全被黑暗包围……

“命运跟我开了个残酷的玩笑，但我要扼住命运的咽喉。”患病后，郭岳并不想离开热爱的教育事业，更不想年纪轻轻就成为一个对社会没有用的人。

为了能继续从事教育工作，他申请从中学调到郭寨小学五年级教语文。这一年，他所带班级的语文成绩在郭庙镇名列前茅。

就这样，他在这个学校一直坚持任教到今天。

一个盲人要想留在三尺讲台，要付出的努力超乎常人的想象。

刚开始，他写板书有时会写歪，有时重叠在一起。一次，没留意走到了讲台边缘，一脚踏空摔在垃圾桶上……

他说，眼睛陷入了黑暗，唯有心能抓住光明。

郭岳看不见书本上的字，索性就把课文全背下来。一般的老师是备课，而他是“背课”。

开学前，他都请人把教科书上的课文及学习资料从电脑上拷贝下来，存放到手机里，只要有时间就拿出来听，一字一句背课文。每当夜深人静时，他都打开手机，一遍遍听录音，然后背熟、吃透……这是近几年的“背课”方法，在没有智能手机之前，他都是用复读机。

就是通过这种方式，他把几大本厚厚的讲义全都装在心里。视力越来越差，课却讲得越来越精彩。

对于失明的郭岳来说，“背课”还不算太难，最难的是批改作业，对此，郭岳自创了“面批”。

在批改学生作业的时候，他把学生请到身边，然后请班里学习成绩较好的同学在旁边朗读，只要听到不正确的地方就当面指出来，并让学生及时改正，有时也会写下简短的评语。

如果是在家里，他就让妻子帮他朗读，她会提醒丈夫，指出学生作业中存在的问题。比如说“楠”，妻子会说左边是“木”，右边是

"南"，但是两个偏旁距离远了，要让学生注意。

为了管理好班级，郭岳鼓励学生们学会独立自主的生活学习方式，平时再让班干部协助管理。他平日里除了睡觉和吃饭，都是在学校里和学生们在一起。

郭岳的耳朵特别"灵"。学生们举手回答问题，他看不见，学生在举手时喊一声"我"，郭岳就可以通过声音喊出学生的名字。然而，对于这个"特异功能"郭岳并不认同，"哪有什么异于常人的能力，只是付出了更多努力而已"。

初见郭岳的人，很多都不相信这是个盲人。他走路不需要用盲杖或者导盲犬，腰杆挺得笔直。

很少有人了解，这些年他是怎样挺过来的。

新的信息，正常人可以用笔记下来，郭岳只能强制自己背下来。

从家到学校的距离，需要走多少步，他一遍遍在心里默念。

郭岳的身体状况是符合相关退休规定的，但他一直不肯退下教学一线。“跟学生在一起我很开心也很充实，能看到学生取得优异成绩，我也很有成就感。”

这一坚持就是20多年，他所带的班级成绩一直较好，他的学生有不少考取了名牌大学，没有家长和学生反对他任教，郭岳用实际行动证明了自己。

如今，郭岳已经是小学高级教师，一双儿女在他的教育下也很优秀。他用生命照亮学生前途的同时，也用坚韧和毅力勾画出自己绚烂的人生。

听好人故事

追逐梦想 超越平凡

1992年，张超凡出生的那一刻，命运夺走了她的左前臂。即便身体“不完整”，却不妨碍她善良乐观、努力坚强地活出自己最精彩的模样，更将希望与梦想传递给他人。

“超凡”这个名字是父亲取的，张超凡明白父亲希望自己超越平凡的心意。在成长的岁月中，张超凡也确实体会到，只要超越自己，凡事就皆有可能。

她4岁开始学国画，9岁考取国画专业9级，曾获得“全国中华魂书法绘画摄影大赛”金牌。8岁时，她顺利通过选拔加入长春市速滑队，付出无数泪水与汗水，曾获得吉林省速滑大赛少儿组冠军。

这个坚强、乐观的姑娘，骨子里有一股不服输的劲儿。在速滑队期间，她每天需要高强度训练8个小时，她说："我很清楚要比别人付出更多的努力，才能做得像大家一样好，别人滑2圈，我就滑3圈，别人练8个小时，我就练10个小时。"为了训练，她甚至剃掉了一头秀美的长发。就这样，她终于站在了冠军的领奖台上，还获得了"精神文明运动员"称号。自此之后，游泳、骑自行车、打篮球都被她一一征服，梦想成为她人生的动力。

19岁时，热爱艺术的她坚持作为美术特长生参加高考，最终以全国总分第一名的成绩考入北京工商大学。

2011年，张超凡入学时，学校邀请了北京市优秀宣讲团在开学典礼上为新生进行入学教育。其中，一位残疾运动员宣讲者引起了超凡的注意，她的每一字、每一句都深深震撼着她。她说："她的故事让我想到自己，我也想像她一样，站在舞台上讲述自己的故事，台下的听众会不会有人也受到激励和鼓舞，也给予台上的我一份期待和祝福的眼神呢？"

于是，当得知北京市高校联合演讲大赛的消息时，性格内向的张超凡决定挑战自己，参加比赛。没想到，第一次参加演讲比赛的超凡就在300人中脱颖而出，拿下了全市第一名的好成绩，随后她又在全国大学生演讲大赛中，以满分的成绩力压群雄，成为冠军。

后来，张超凡被选为北京市"我的梦·中国梦优秀宣讲员"宣讲团中的一员，把正能量传递给更多的人。

“我存在的意义不是让自己过得好，而是让更多人过得好，勇于去发现生活中细小的感动和幸福。”

7年来，她深入贫困山区、部队、高校进行了600场公益励志演讲，将正能量传递给他人，也用自己的故事治愈更多的人。

就这样，张超凡一边学习，一边参加社会公益活动，忙个不停。大学时，她三次获得国家级奖学金，多次获得各项竞赛的冠军，有一回竟然在短短一周内捧回四张获奖证书。

2015年，张超凡本来可以保送本校研究生，但偶然看到的一篇关于东北优秀人才大幅度外流的文章深深刺痛了她，于是她计划着能够创办一家以艺术教育为特色的全日制艺术高中。她想多招一些像自己一样真正喜欢美术的学生。当时东北地区还没有现代化体系的艺术高中，她希望自己可以填补这个空白。权衡之后，张超凡毅然选择回家乡创业并跨校考研。她结合自身专业特长创办了“艺凡艺术教育培训学校”，同年还以研究生初试407分，复试147分的成绩摘得硕士研究生艺考状元。

创业之路困难重重，资金、师资储备、生源等形形色色的问题让张超凡伤透了脑筋。

刚开始办学时，日子很艰难，也很辛苦，张超凡每天睡觉不超过四个小时，三餐都不吃也觉得时间不够用，好不容易能在桌上趴会，脑子还在不停地转。她每天就像小陀螺一样，教育局、民政局、消防、税务到处跑，累得脊梁骨都发疼。她四处奔走募集资金，招募优秀教师组建团队，克服了重重困难。她与同事从开始时仅有一个学生认真教起，到如今已累计培养近千名学生考入各大艺术院校，学校日益发展壮大。

“教育不是发家致富，而是一种责任和担当。”张超凡说，“当老师爱学生要胜过爱自己，要树立教学的志向。”关于办学理念，超凡说自己想建立一个“梦想的家”。

2014年，张超凡又创办了“超凡公益梦想课堂”。至今，她已为山区近300名怀揣艺术梦想的家庭特困学子及肢体残疾、自闭症儿童等学生免费进行艺术培训，每年还设置30万元“超凡公益梦想助学金”，帮助这些学生完成绘画艺考的学习。

说到未来的打算，张超凡说，自己会一直从事教育和公益事业："百年育人，教育将是我的一生事业，通过做教育工作我获得了自我成长，内心也日益变得丰盈。敢于有梦，才敢于追梦，我期盼着未来。"

听好人故事

不忍忘先烈　常年护英魂

郭王所的父亲郭成忠于1939年参军，曾参加过百团大战，后受党组织派遣，长期隐伏在河北邯郸武安市阳邑镇柏林村，从事扩大组织、筹集军粮、传递情报等工作。

1940年10月，日寇偷袭梁沟兵工厂。八路军129师386旅772团奉命在阳邑镇孤的山执行阻击任务，战斗打得极其惨烈，敌我双方伤亡很大。当时，郭成忠任阳邑片连村武委会主任，他组织民兵冒死从战场上将伤员转移到柏林村，由于当时医疗技术和条件特别差，受伤后死亡的战士很多，他又秘密将这些烈士遗体掩埋在柏林村石坡沟东岸的一块荒地里。

郭成忠老人一直默默地守护着这些烈士的遗骨，直到1980年，身体每况愈下的他才把守护烈士遗骸的事交给了儿子郭王所。

1992年，郭成忠肝癌病危，弥留之际，他心中牵挂的仍然是石坡沟掩埋的多位烈士。

临终前，他对郭王所说："我马上不行了，但有一桩心事到现在没有了结，死不瞑目啊！埋在石坡沟东岸上的烈士当时都是简单埋葬，如今有的尸骨都露出来了。我死后，你要继续守护好这些烈士的遗骸，想办法好好安葬一下。"

多年来，郭王所一直不敢忘记父亲的嘱托，时不时地到石坡沟去看看，清理杂草，填土培坟。每每看到有遗骸露出地面，他沉重的心情难以言表。"俺不能就让这些烈士一直埋名于此，有生之年一定要给他们安一个'家'。"

郭王所就陆续找有关部门，寻求为烈士重新"安家"。他不知跑了多少趟，为了省钱，他经常搭别人的车，有时跑一天连一顿饭也舍不得吃。他无数次地给自己打气：绝不放弃，哪怕哪天自己跑不动了也要让儿子继续跑，答应父亲的事一定做到！

在武安市民政局的帮助下，建烈士陵园的事终于有了着落。2009年10月23日，受民政部门委托，郭王所开始组织村民挖寻烈士遗骨。

第一天，17具英骨被找到。

第二天，又有十几具忠骨被发现。

第三天，……

出动16人，寻挖29日，共找到133具抗日烈士忠骨。郭王所将烈士逐一装殓。勘地建墓前，棺木暂时存放在石坡沟一块地的堰下。

那年冬天，武安遭遇了50年一遇的罕见大雪，一共下了13场。为了不让棺木被积水浸泡，每次雪后，郭王所都要去清理周围的雪水，直到百余天后把烈士们安葬在孤的山战役烈士公墓。

郭王所了却了父亲的临终心愿。从那时起，他经常去陵园转，清扫卫生，修整花草树木。

他说："没有这些先烈，就没有我们今天的幸福生活，只要还有一口气，我就会来这里，做烈士们的陪伴者。"

加入中国共产党是郭王所老人毕生的梦想。家里有6人都是为抗日作过贡献的老党员，受家庭影响，他从小就向往成为一名党员，可以像先辈们一样为党的事业奋斗终生。

1971 年，26 岁的郭王所怀着对党的事业的无限忠诚，参加了武安组成的战备团赴涉县搞战备建设。因忘我工作，表现突出，被作为入党苗子重点培养。后来因为种种原因而被搁置，这份心愿也被深深地埋在了心底。但多年来，郭王所仍处处以共产党员的标准严格要求自己。他为人忠厚，团结邻里，弘扬社会正气，为大家树立了榜样。

郭王所的事迹在武安引起强烈反响。他被评为“2017 年感动武安十大人物”和“最美武安人”，并光荣加入了中国共产党，实现了多年的夙愿。

听好人故事

扎根深山的“白杨树”

自1996年参加工作以来，杨旭丽就扎根在偏远山区，在山区教师的岗位上兢兢业业，一教就是25年。

广西龙胜各族自治县西腰小学是杨旭丽之前待过的最远的学校，距离龙胜县乐江乡政府所在地37公里。近两年，她任教的地灵小学距离乡政府所在地23公里。虽然学校偏远、条件艰苦，但从小在山中长大的杨旭丽更清楚这里对于老师的需要。她就像课本里讲的白杨树，哪里需要就种到哪里。

当被问到是否想过换一个更好的工作环境时，杨旭丽沉默了一下，她说道：“好的环境谁不向往呢？但是我更喜欢和孩子们在一起，在哪里都是教学生，能跟学生在一起我就很开心。”

这些年，杨旭丽一直致力于为孩子们营造良好的学习环境，促进学生全面发展。担任西腰小学的校长之后，她需要考虑的事情更多了。虽然学校地处偏远山区，但她觉得也要尽量向城里学校看齐，让山里的孩子接受更好的教育。

在杨旭丽的努力下，曾经落后的西腰小学、地灵小学现在有了图书室、电脑室等功能室。为了营造浓厚的学习氛围，她还带领老师们在课余时间动手美化学校。大到教室的墙面，小到楼梯的每一级阶梯，学校的每一个角落都凝聚着她的心血。不仅如此，杨旭丽还在学校开办了各种兴趣班，丰富孩子们的课外生活。

学校所处的西腰村、地灵村都是有着浓郁侗族风情的村落。为了将侗族的传统文化传承下去，杨旭丽将民族文化带进了校园。她一有

空就研究侗族歌舞，并聘请村里的长辈教孩子们唱侗歌、跳多耶舞，并在西腰小学、地灵小学开设了具有侗族特色的芦笙班，还专门筹措资金为学校购买了侗族服装和民族乐器。

二十多年里，杨旭丽特别注重与家长的沟通交流，常常利用空闲时间进行家访。但有一次在家访的途中，由于刹车失灵，她和摩托车一并冲进了路边的沟里，导致她的左脚掌全部弯曲，五个脚趾的关节错位。在治疗的过程中，尽管疼痛难忍、不能行走，但她却说：“不能因为我的身体而耽误了孩子们。”于是她每天早上由爱人背着到学校，如往常一般在教室门口微笑着迎接每一位学生。在那段受伤的时间，她没有请过一天假，没有落下一节课。

在学生们心目中，杨旭丽是一位好老师、好朋友。但是对于家里来说，她觉得自己不是一位好儿媳、好妻子、好母亲。

面对家庭，杨旭丽总会有多多少少的愧疚与无奈。结婚多年，杨旭丽和丈夫聚少离多，平时地里的农活儿她帮不上忙，全得靠丈夫一人忙活，家中的杂务也由年迈的公公婆婆勉强操持。杨旭丽说自己之所以能在教育这条路上走这么远，全靠家人的理解与支持。虽然家中的日子过得紧巴巴的，一家人的开支基本靠杨旭丽的工资，但她的脸上始终洋溢着乐观的笑容。她说："我自己生活清贫点不要紧，只要跟孩子们在一起就很开心了。"

听好人故事

“特教妈妈”爱如曙光

1992年，张小侠是陕西省棉花机械厂篮球队的一名合同工。那时，她的工作是上班兼打球，每月工资450元。时隔一年，临渭区阳郭镇一所民办聋哑学校招聘教师，每月工资65元。这则消息勾住了张小侠的心，她毅然辞去篮球队的工作，走进这所聋哑学校。那一年，她21岁。

许多人都说她傻，年纪轻轻的，不知好坏，放着高工资不要，却偏干那劳心不赢人的事儿。然而，张小侠说：“做特教虽然辛苦劳累，可这是我早就想干的事业。”

1996年7月，聋哑学校因经费紧张而停办了，刚结婚不久的张小侠只好回到家里。她面临重新择业的难题，但那时张小侠的脑海里全是那些孩子。他们从“咿咿呀呀”到现在能说出完整的一句话，就这样半途而废太可惜了！就在她犹豫时，几位聋哑学生家长找到了她，支持她在渭南办一所特教学校。

1996年9月，张小侠创办了“渭南市临渭区曙光特殊教育学校”，只有两名教师、一块黑板、几排课桌、一溜用砖头支起的床铺和21名聋哑、智力障碍的年幼学生，她又重新站在了爱心教育事业的阵地上。

语音教学，是聋哑儿教育最基本、最繁重、天天都必须坚持的工作。由于学生听不见，只能面对面看着老师的口型，亦步亦趋地模仿着学习，既费时又费力。

一天，学校组织学生到西安康复中心做听力测试。在那里，张小侠第一次见到训练聋哑儿童说话的语训机，十几个孩子同时带上耳

机，一边看着老师的口型，还能听到老师的声音，她恨不得马上买一台回去试用。当时一台语训机售价1.8万元，昂贵的价格令她十分苦恼。为了让孩子们能听到美妙的声音，早点脱离无声的世界，张小侠决定贷款买语训机。她亲自去北京生产厂家考察后，2000年7月将聋哑儿童语训机买了回来。当时除西安市外，语训机在省内绝无仅有。随着它的到来，渭南市聋儿语训部9月20日在校成立，学校又增加了一个拥有近20名学龄前儿童的语训班。那时的曙光特殊教育学校已有学生60名，小学一至六年级各一个班，教职工也增加到10名。

就在那时，一个噩耗传来，张小侠被确诊为胸椎部髓内肿瘤。医生告诉她："如果不抓紧手术治疗，最多活不过三年。"在医院，张小侠每天都看到有人离世，她不想留下遗憾，背着爱人和母亲悄悄立下遗嘱，年仅27岁的她在生命的危难时刻，最牵挂的依然是学校那些残疾的孩子。"如果我从手术台下不来，请把我的器官捐献出去，在渭南重建一所特教学校，让那些残疾孩子继续读书。"

手术没有出现意外，出院后的张小侠还是选择回到学校，回到孩子们的身边。"张老师回来了……"孩子们飞跑着来到张小侠的车前。看着一双双小手，一张张稚嫩的笑脸，张小侠忘掉了术后的痛苦，瞬间泪流满面。

张小侠说："说心里话，我能活到现在，多亏了这些孩子，是他们给了我快乐……”

“一半老师一半娘”，这是特教老师工作的真实状态。干好“头一半”不易，做好“后一半”更难。张小侠却说：“只要心中有爱，再难也不觉得。”

为了方便工作，张小侠一年四季吃住在学校。每天早起，叫学生起床，做口部体操，晚上督促他们睡觉，查房。夏天孩子们出汗多，她每周最少要给他们洗次澡。冬天天冷夜长，孩子们容易尿床，她和值班老师会在孩子睡得最香的时候叫他们起夜。流感来袭，她一锅锅地熬姜汤，看着孩子们喝下去才放心。有的学生离家远，几个星期不回家，衣服全是她和老师们洗。学生有时突然患病，家长一时赶不来，她和老师就轮流守护。这样年复一年，张小侠对孩子们来说就像妈妈一样，他们经常自发给张小侠捶背捏肩、按腰拍腿。

有位叫小敏（化名）的女孩，从小患有先天性心脏病，家里因贫困一拖再拖，甚至想放弃治疗。张小侠三番五次给家长做工作，在征得家长的同意后，拄着拐杖找残联、妇联，还动员老师和同学向小敏捐款。终于在2012年冬季，帮助小敏成功实施了手术。

多年来，曙光特教学校先后有160多名学生毕业，步入高一级学堂或社会。其中有8名考入西安美术学院，2名被录入省残疾人艺术团，2名被评为省级运动员，还有4名学生在省残疾人文艺汇演和残疾人艺术作品会展中获奖。许多入学时只会“咿咿呀呀”的孩子，如今已成家立业，学校也被定为陕西省特殊艺术人才培养定点学校。

听好人故事

回首艰辛路　幸福满家乡

1986年初冬，38岁的孟庆喜接任了江苏省徐州市贾汪区马庄村党支部书记。这一年，马庄村的经济水平在全镇18个村子里排名第13位，村集体的全部家当只有4台破旧的50型拖拉机、一个老式马蹄砖窑，村民人均年收入不到200元。有一首歌谣在马庄村这个地方流传了数十年："弯弯屯河清悠悠，流去多少泪和愁；多少年来多少代，年复一年血汗流；落后面貌何时了，贫困岁月何时休。"一字一句，不知唱出了多少的辛酸与无奈。

孟庆喜接任书记，在很多人看来这是一个有些"傻"的决定。放着好好的养鸡大户不做，何必冒着风险去接这个"烫手的山芋"。

但孟庆喜没有想这么多，既然要干，就得干出个样子来。首先得解决村民的温饱问题。马庄有煤，却一直没被开发，孟庆喜带着村两委班子成员在一间废弃厂房里开了3天会，决定集全村之力建3座煤矿，让村民们过上好日子。

然而，对于一个在银行尚有46万元欠款的穷村子来说，投资上百万元建矿谈何容易。孟庆喜卖了养鸡场，拿出了家里全部的钱，正当他准备挨家挨户筹集资金时，家里的大门"吱呀"一声开了——风雪中，60位村民站在门外，带头的老人将一个沉甸甸的纸包放进孟庆喜手里，用力拍了拍他的肩膀。正是这份沉甸甸的信任，让他在此后30年的路上风雨无悔。

"一挂鞭炮，两把铁锹"，矿，开挖了。36名党员齐上阵，和工人一起肩挑、人挖、小车推，硬是用1年10个月时间建成了一座年产10

万吨的煤矿。矿挖到一半时出现了流沙，党员们二话不说一个接一个跳了进去，冒着塌方的危险，一铲一铲挖出了一个1000多平方米的深坑。

工程资金最困难的时候，工地上一粒米都没了，孟庆喜不得不“厚着脸皮”到一家面粉厂赊了50袋面粉，总算让工人吃上了饭。

就这样，第一座煤矿顺利投产了。随后，第二座、第三座、第四座煤矿陆续建成。在马庄人的记忆中，1988年的秋天是一个收获的季节——从那时起，村民们投入的资金陆续回了本，马庄几十年欠下的债务逐渐还清，煤矿和运输产业开始红火起来。马庄的春天，终于来了。

随着收入的增加，村里逐渐出现了打架斗殴、大操大办、攀比炫富之风，孟庆喜下定决心，要走一条物质文明与精神文明并驾齐驱之路。文化兴村，一直担任村文艺宣传队长的孟庆喜找到了路子。1988年秋天，马庄农民乐团成立了。

但是，在那个追求经济发展速度的时代，这个举措无异于一颗“重磅炸弹”。

村民们先炸开了锅——花3.7万元买乐器，还养一帮“不务正业”的人？那是俺们辛苦挣下的钱，不干！

一些领导也接受不了——农民建乐团？能吹出粮食还是吹出票子？有人甚至指着孟庆喜的鼻子骂他——别给我搞那些乱七八糟的东西！

孟庆喜委屈、心酸，但不肯妥协。在他身上，有一股子中国农民固有的血性和倔劲儿，更有一名共产党员该有的担当和韧劲儿。他相信，自己的选择是最适合马庄发展的道路，认准了的路，再难也要坚持下去。

那一年12月1日，升旗仪式上，孟庆喜拿着大喇叭一遍遍喊道：“咱们发展农民乐团，是要以先进文化引领经济发展，请大家相信我，文化也能兴村！”

寒冬腊月，他喊得头上冒了汗。村民和矿工灰头土脸站在那儿，脸上全是质疑。

寒风一阵阵吹了过来，陆续有人离开升旗队伍。孟庆喜准备好的一番话，都被冻在了风里。

最后他一字一顿地说：“给我两年时间，村子发展不好，我辞职！”

底下无人应答，但孟庆喜决心已定。

当时，个别上级领导明确反对农民办乐团，于是孟庆喜带着乐团成员找到一处山洞偷偷练习。队员们每天带着干粮早出晚归，每个人的手上都冻出了血口子，号手的嘴唇冻得黏在了长号上，撕下来就是一片片带血的皮，但没有人抱怨一句。

从村民和领导的反对、质疑，到社会的接受、认可，孟庆喜承受了巨大的心理压力。直到1989年春节，农民乐团参加了县里的团拜会，一炮走红，一直偷着练习的队员们终于挺直身板走了出来，走进了公众的视野。

马庄村有一群能吹西洋乐的农民！这消息迅速传遍了全县、全市乃至全省。马庄农民乐团开始频繁走出村子，甚至走上了全国的舞台。

马庄成名了。来自全国各地的资本开始涌入这里，村里从四处“招商”到精心“选商”，经济形势发生了彻底转变。孟庆喜趁热打铁组建了徐州首家村级企业集团，从事煤炭、运输、建材、化工等行业，年产值达上亿元，马庄村也很快成为徐州市第一批小康示范村。

正如孟庆喜所承诺的那样，“文化，变成了实实在在的生产力”。

金马河畔，一匹健硕的金马腾空跃起，仰天长啸。

在孟庆喜的带领下，马庄人的精气神正如这骏马般昂扬、积极、进取、乐观。

1997 年，亚洲发生金融风暴，村经济严重受损。那一年，村里筹建水泥厂，眼看到了最后一道工序，资金出现了缺口。孟庆喜四处奔波，邀请几位厂长到村里参观考察。困境中的马庄，村民仍是笑容满面、快乐自信，每月的升旗仪式和每周的周末舞会没有受到任何影响，农民乐团的锣鼓声每天响彻潘安湖畔，这样的景象让参观者深受触动。

当晚，一位厂长便决定：赊账200万元给马庄提供建筑材料。他断言："经济形势如此困难，马庄人还能这么乐呵团结，这个村将来了不得！"

然而，被预言"了不得"的马庄村，却在几年后经历了一次更大的震荡。

2001年，受贾汪"7·22"矿难事故影响，全区所有煤矿全部关闭。一夜之间，村集体每年近1000万元的收入没有了，这可是全村五分之四的经济来源。那一夜，马庄无眠，孟庆喜欲哭无泪。

矿工走了，热闹的煤矿只留下黑色的寂静。一些村民开始收拾行李，连几名农民乐团的团员也支支吾吾表达了离开的念头。红红火火的马庄村，突然之间冷清了，沉默了，失去了方向。

第二天，照例该举行升旗仪式。升旗手有些犹豫："书记，今天还升吗？"孟庆喜斩钉截铁地回答："必须升！无论啥时候，旗帜不能倒，信仰不能丢！"

升旗手准备去了。孟庆喜独自走到潘安湖边，眼前烟波浩渺，正如来路茫茫。快7点时，他回到村委会大院，一抬头，愣住了——600多位村民像往常一样排着队，静静站在那儿。

鼓乐声响起，背着包裹准备离开的人回来了，队伍一直排到了大门外。

大家都在等他。

孟庆喜第一次红了眼圈。站在国旗下，站在13年前他曾站过的地方，孟庆喜再一次向村民承诺："再给我两年时间，我保证带着大伙儿重新过上好日子！"

这一次，迎接他的是掌声和信任。

煤矿倒了不可怕，人心散了才可怕。孟庆喜认这个理。

劲儿往一处使，心往一起聚，这世上没有过不去的坎儿。马庄人明白这个理。

孟庆喜的确不曾食言。两年后的马庄，地下虽已沉寂，地上却形成了以纺织、食品、精密铸造、运输业为支柱的16家核心企业，生态旅游产业初具规模，集体经济非但没垮，反而逐步壮大。

在村民的支持下，孟庆喜在企业改制大潮中顶住了压力，坚持保留企业所有权，使集体资产得以发展壮大，马庄村共同富裕之路越走越宽。2003年，全村637户村民中，从事运输业、工业、服务业的多达400余户，人均收入远超全市农村平均水平。马庄人的精气神，切切实实转化成了"红票票"。

2016年11月，孟庆喜退休了。此时的马庄，早已荣获"全国文明村""全国小康建设示范单位""社会主义新农村建设十佳示范村"等数十项荣誉，正如一匹骏马般奔腾在社会主义新农村建设的平坦大道上，一往无前。

30多年的岁月，染白了发丝，伛偻了身躯，不变的是一名共产党员的信仰。

生于斯，长于斯，一生奉献于斯。孟庆喜的燃情岁月，是一名共产党员对于忠诚和梦想最生动的诠释。

听好人故事

“耕耘”在高原的园丁

2014年8月，带着对雪域高原的向往和支援边疆的热情，江苏省泰州市大泗中学初中部教师钱维胜通过层层选拔，成为江苏省第一批援藏教师，远赴拉萨江苏实验中学支教。

刚到拉萨时，高原反应远远超过了钱维胜的想象。他总是感到胸闷气短、头痛晕眩，后来到医院检查发现，原来他患有脑部血管痉挛症，高海拔加重了脑部神经疼痛。那一刻，他感觉到死亡就在眼前，甚至留下了遗书。

既然选择了远方，便只顾风雨兼程。

时至今日，钱维胜还未完全适应拉萨的气候。皮肤干燥开裂，经常流鼻血，眼睛干涩，加上他的心脏不太好，各种药物长期不离身。

在他卧室的床边，还放着一只10升的蓝色医用氧气瓶。

面对这严峻的环境，钱维胜只有乐观与坦然。他说比起当初，现在感觉适应多了。

钱维胜明白，要成为一名合格的援藏教师，只有激情和梦想是远远不够的，还必须有科学的思路和方法。

他针对藏区学生的特点调整了教学思路，课堂进度慢一点、教学内容浅一点、课上氛围活一点。

经过一段时间的努力，学生慢慢步入正轨，成绩有了显著提高。2017年中考，全校语文平均成绩在拉萨7县2区中名列前茅，在全校11个班级中，他任教的班级以平均分86.5的成绩名列第一，比当初接手时平均成绩上升了近40分。

在生活中，钱维胜总是把班上每一位学生当作朋友，经常与他们

聊天谈心，为他们排忧解难。

来自边远藏区的旦增尖才、罗布措姆等同学，一学期只能回家一次，家庭也比较贫困。周末时，钱维胜常帮他们辅导功课，还请他们到教师食堂就餐，时常补贴他们一些生活费。

学生感冒或是嗓子发炎时，钱维胜就骑车到街上买常用药品给孩子使用；每当孩子们有些小进步时，他还会买些钢笔之类的学习用品鼓励他们。

钱维胜住在单身教师公寓，面积不大，却干净、整洁。最引人注目的是公寓里十几盆大大小小的盆栽，有吊兰、绿萝、龟背竹。盆栽除了植物外，均是他就地取材、手工制作而成。矿泉水瓶、玻璃杯、酸奶盒被裁剪成盆，里面培上土，输液瓶和输液管用以滴灌，整个房间绿意盎然，这些都是他空闲时自己做的。

在老家，钱维胜从来不做饭、烧菜。到了拉萨，他从炒土豆丝开始学习做饭炒菜。现在，红烧肉、回锅肉、酸菜鱼都不在话下。对门的泰州援藏教师张剑经常闻着香味就过来“蹭饭”了。钱维胜的厨艺现在已经成了那里的一绝。

钱维胜生性爱静，读书是他最大的爱好。在他的床头柜、沙发和餐桌上，一本本翻开的书散落着。除了教育教学类书籍外，还有文学名著、历史、散文等书籍。在他的床上，一本是《千雪柏》，一本是《老庄经典百句》。

钱维胜说书是人生最好的伴侣，晚上或周末一个人静静地看书，是非常享受的，不会感到孤独。

钱维胜父母年岁大了，身体一年不如一年，尤其是他的母亲纪兰珠患有肠粘连和慢性肠胃炎，一发作就疼。2016年8月6日，钱维胜回西藏临走前一天，母亲突然肠粘连发作，疼得满头大汗，在床上直打滚，紧急住进了医院。

病情紧急，需要开刀治疗。可第二天一早便是预定的进藏时间。那一夜，钱维胜斜靠在母亲的病床，几乎彻夜未眠。

第二天清晨，在母亲的劝慰和催促下，钱维胜满怀愧疚地背起行囊奔向远方。那一刻，泪水模糊了他的双眼。

钱维胜很孝顺，每隔两三天就给母亲打个电话，网络好的时候就视频，有时候一聊一个多小时，但从来不说苦的事儿。直到后来，母亲听说他去的那个地方不用高压锅连饭菜都烧不熟，走路都喘不上气。母亲心疼不已，直抹眼泪。

钱维胜老父亲已近古稀，和别人说起儿子去西藏支教这件事，老人家满脸自豪："他是共产党员，党培养了他，就要听党的话，到国家最需要的地方去！"

钱维胜去西藏支教后，家里的担子都是妻子吴红琴一人担着。援藏第一年，儿子刚刚考上省泰中，吴红琴白天在老家小镇上打工，晚上还要赶去20公里外学校附近的出租房照顾儿子。儿子高中三年，1000多个日夜，丈夫不在身边，吴红琴也不是没有过怨言，但她深知，丈夫在西藏更不容易。

2017年，孩子考上了大学，吴红琴便辞去工作，跟着丈夫一起来到西藏。住了一段时间，因为总是心脏疼，吴红琴不得不又返回老家。

"烟雨十三洲，一去三千里。芳草连天涯，最知游子意。"钱维胜含泪在日记里写下这首思乡诗。

听好人故事

居民们的健康“守门人”

经过一整天走街串巷，黄莹的声音已经沙哑，但她依然耐心地回答着病人的各种琐碎问题。为了节省时间，她常常顾不上吃午饭，但街坊们一句热情的招呼“黄医生来啦”，总能让她疲倦的脸上绽放笑容。对一些行动不便的老人，她主动上门帮忙清洗护理，嘱咐日常饮食，细致与贴心常令老人眼含热泪……这样的情景，只是家庭医生黄莹无数个工作日里最普通的一天。

黄莹2012年大学临床本科毕业，经过专业全科培训，来到湖北省武汉市硚口区汉水桥街社区卫生服务中心从事基层家庭医生工作。最初，家庭医生工作并不好做，老百姓对家庭医生的职责缺乏了解，“家庭医生？会不会是骗子？”“不需要，我们看病都到大医院。”类似的话黄莹听过无数次，即便有的居民知道家庭医生，但还是对黄莹的业务能力持怀疑态度，签约、随访等各方面的工作很难展开。

然而，黄莹从未放弃自己作为一名医生的使命，一方面不断学习提高自己的医疗服务水平，另一方面努力化解与居民群众的隔阂，将家庭医生的概念与价值逐渐根植于他们心中。

有一次，一对夫妇测完血压就要走，出于职业的敏感，黄莹反复劝告，建议他们参加65岁老年人免费体检。体检结果显示女士的血小板值偏低，如果血小板进一步减少，就有颅内出血的可能。黄莹立即给该女士打去了电话，建议她改用其他降压药，并在调整药物期间不断为她监测血压。该女士的血压和身体状况逐渐稳定下来，对“家庭医生”的误解和心理障碍也逐渐消解，并主动动员身边的亲朋好友与黄莹签约。

黄莹就是这样一点点让社区居民从最初的抵触到犹豫，再到接受、信任。5年多来，她与2000余名社区居民签约，为187名重点慢病患者提供健康指导，赢得了社区群众的喜爱和广泛认可。2017年，她获得第二届全国卫生计生系统“百家健康守门人”荣誉称号，她带领的家庭医生团队荣获首届“全国优秀家庭医生团队”称号。

“常用耳朵去聆听，总用仁心去帮助。”这是黄莹经常说的一句话。黄莹所在社区有位低保居民反映自己长期腰椎疼痛，经常需要住院治疗，黄莹向她介绍：“家庭医生是国家推出的惠民工程，像您这样的腰椎疼痛情况，通过签约服务，可以享受优惠政策，并获得家庭医生快捷服务。”一番耐心的解释一下子打开了她的心扉，她立即与黄莹签了约。

2016年，国务院医改办等7部门联合印发《关于推进家庭医生签约服务的指导意见》，要求“2016年，在200个公立医院综合改革试点城市开展家庭医生签约服务，鼓励其他有条件的地区积极开展试点”，“到2017年，家庭医生签约服务覆盖率达到30%以上，重点人群签约服务覆盖率达到60%以上。到2020年，力争将签约服务扩大到全人群，形成长期稳定的契约服务关系，基本实现家庭医生签约服务制度的全覆盖”。湖北省武汉市深入贯彻落实《指导意见》精神，目前，家庭医生已经得到越来越多的居民群众认同。

如一些居民所说："在社区居民中，有些老人出门都难，得了慢性病不可能在大医院长期治疗，老人的健康很需要家庭医生近距离的守护。"

家庭医生的服务不仅体现在延伸护理上，更体现在遇到特殊困难时的及时帮助上。2017年8月10日，社区居民姚婆婆突发心脏病，浑身无力无法出门，也没有家属在身边。姚婆婆立即想到了黄莹，她第一时间拨通黄莹的手机，呻吟着："黄医生，我的胸口好不舒服……"黄莹担心她是心梗发作，便叮嘱："您就靠在床上千万别动，我马上到。"很快，黄莹带着护士，背着医疗包，爬上了3楼冲进姚婆婆家中，经诊断，发现是心肌缺血，黄莹立即给她服下0.5克硝酸甘油，然后观察病情，直到姚婆婆病情完全缓解才离开，走的时候叮嘱她第二

天上大医院复查。现在，姚婆婆的病情一直控制得很好，她逢人就夸：“黄医生就像我的女儿一样。”

黄莹说：“我心甘情愿做社区家庭医生，因为我深深感受到基层群众的迫切需要，希望以自身的行动去诠释‘家庭医生’的社会价值。”

听好人故事

大山深处的“草鞋书记”

刘安国的家乡是贵州省大方县对江镇大山村，这里以前是个“三不通，一光头”的地方，不通水、不通电、不通路，村里的山都是“光头”。山上没树，雨水在山坡刨出一条条深沟，山下的田土种什么庄稼都没好收成，群众都盼着大山村有朝一日变成“青山村”。

1984年，刘安国从大方县马场区区委书记的岗位退休返乡，群众的困境让他寝食难安。“人不干，山不绿，要改变我们村，就得种树！”刘安国找来村副支书陈顺兵和党员刘永方、丁兴明、丁兴全，说出了他要绿化近千亩荒山的想法。大家一致赞成，说干就干。要种树，缺乏资金是最大的困难。乡亲们手头紧，刘安国主动挑起筹措资金的重任，他拿出自己的积蓄、卖掉自家的牛羊。还不够，他就索性把自己的房子抵押，贷款8800元，连本带息要还1.1万元，这在当时的山区是个天文数字。

刚开始种树时，刘安国的工资只有95元，留下十几元做生活费，其他全部用在了种树上。刘安国穿着草鞋，带着干粮和乡亲们一起上山种树。在他的带动下，400多名群众先后植树20余万株，用了5年时间绿化了近800亩荒山，群众都亲切地称之为“八五林场”。如今，昔日的荒山一派生机，茂密的林海环绕着大山村，这林子里一共有185000棵杉树、5200棵梧桐、8200棵杜仲。刘安国说：“这是给子孙后代留下的一座绿色银行啊。”

林子种成了，可刘安国要干的事儿更多了。他多年的积蓄，几乎都用在了村中的公益事业上，自己一直居住在一幢旧瓦房里，屋里最值钱的是一台黑白电视机。村里长期不通自来水，他就在乡、县两级奔走，跑来408公斤胶水管，自己掏钱买钢筋水泥，带着乡亲们修建起两个20多立方米的水池，解决了500多人的用水问题。连接对江镇和文阁乡的公路是群众运输生产生活物资的主要通道，以前这条路狭窄处不过一米宽，事故频发。为了把这条路修好，刘安国带领群众日夜奋战，凭着他和群众的干劲儿，没多久，一条7公里的高标准水泥路修成了。

“从小刘老书记就是我心目中的英雄！”大山村村支书姜武说起刘安国总有说不完的话。那年他退伍返乡，老书记就说：“姜武啊，现在村里的年轻人都往外跑，你是党员，可不能看着我们当贫困村，得带着大家干啊！”刘安国的话让姜武放弃了外出务工的想法，2014年他当选为村支书，一上任就带着大家搞起了400亩天麻种植基地、上百亩的蔬菜大棚，他还带领群众退耕还林5000多亩，33个村民组的情况他都了如指掌。

如今，刘安国这“干字当头”的精神已经成为全镇党员干部的精神财富，让一代又一代的人备受鼓舞。面对大山村的未来，每个人都满怀信心。

听好人故事

瑶山纵深远　坚守梦成真

广西贺州市平桂城区茶坪小学的教学楼前，鲜艳的国旗在微风的吹拂中高高飘扬，弥漫在校园的琅琅读书声，打破了瑶山的寂静……这个四面环山、建在半山腰的茶坪小学就是李水英校长守护了半生的地方。

一提到李水英，学生、同事无不对她竖起大拇指，瑶胞们都亲切地叫她“校长妈妈”。

1980 年 7 月，17 岁的李水英从原梧州地区八步师范学校毕业，回到家乡当了一名人民教师。刚参加工作，摆在她面前的最大困难是学校条件艰苦，外面的老师不愿来，村里的孩子将要失学。她坚信：“改变瑶山面貌得靠我们自己！”

1984年秋季学期，她调到镇内的石马冲教学点教书。每当上课时，“我调走了，谁给茶坪的孩子上课？”的念头总是在脑子里出现，她难受极了。经过再三思量，她多次找到镇领导说：“我走出茶坪事小，让茶坪孩子学好知识、走进大学事大，还是让我回茶坪吧！”1985年春季学期，她又回到了茶坪小学教书。

茶坪村地理位置偏远，教学设备贫乏，吃住条件简陋，进来的老师纷纷申请调离或辞职。开始，李水英担心很多家长不愿送孩子上学，但没想到家长们都说：“只要李水英老师留下，我们都把孩子送来。”这让她更坚定了坚守瑶山的决心。

为加强巩固教师队伍，她把远嫁的两个女儿和儿媳、小叔子，以及她的学生、亲戚朋友招进学校当代课老师、厨师、校警。每当村民问她：“你是校长，怎么让你家人长期在这里做代课老师？去广东等地务工的工资不比这里强几倍？”李水英说：“我是校长，艰苦困难的地方，我家里人不留下来，谁来教我们山里的孩子？”据了解，全校10个老师中除2名支教夫妇外，全是她“一家人”。她“一家人”累计已在瑶山教书104载，被乡亲们称为“最可爱的一家人”。

为改善学校办学环境，她多次跑上级单位争取建教学楼指标和落实建校资金。为加快学校建设，她和丈夫商量决定捐出自己的积蓄，还把家里的菜地、林地、老住宅地捐出作为新建学校用地，并带领老师们连夜走家串户发动村民献工献料、平整建校场地。2013年6月，建有教学楼、宿舍楼、操场等设施并购置电脑、安装宽带网的新学校建成。从此，师生们远离了不能遮风挡雨的破旧校舍，而李水英再不用冒雨爬上房顶去检修补漏，也不用担心雨天影响学生学习。

茶坪小学现有学生83名，其中有19名在学校寄宿，15名在亲戚家寄宿，其他的49名学生为走读生，分别在学前班到六年级。

他们从小说瑶家话，听不懂普通话，这里的老师比外面的老师所做的工作要多很多。李水英就用双语教学，从学前班到二年级，先用瑶家话讲课，再"翻译"成普通话。用双语教民族团结歌曲，并采用创设情景引趣法、课堂表演引趣法、实验引趣法、竞赛引趣法等教学法。她还多次参加骨干教师计算机培训班等多项学习，不断提高自己的教学、管理水平。

学生盘亚荣说，他上学要走20多里山路，在校住宿一星期才回一次家，雨季时半个月都难回家一趟，经常面临缺钱的困境，而李水英

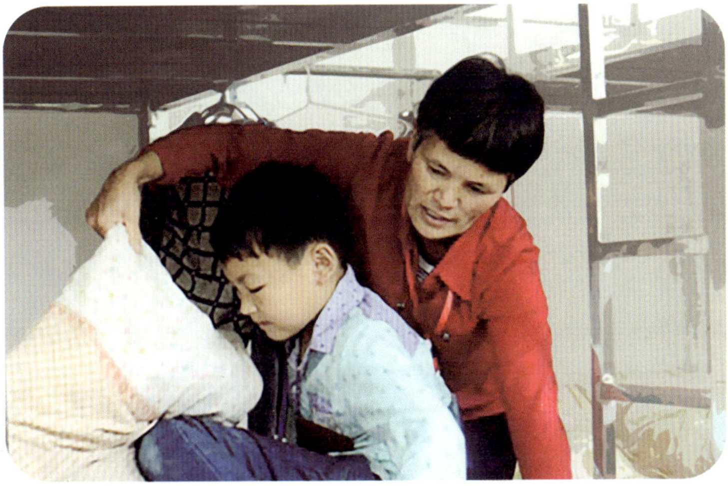

总是乐意借钱给他。像盘亚荣这样，每个月借钱的学生很多，仅4月13日她就借给10多名学生600元。白天除了上课，还要为学生做饭、洗衣服，晚上除了备课、批改作业，还要为学生盖被子……她说，教孩子首先要爱孩子，要让孩子们感觉到老师像妈妈一样。

村民纷纷外出打工，留守儿童便成了李水英心中的一块心病。为让留守儿童能安心上学，她经常翻越崇山峻岭，行走崎岖山路到学生家里去家访。一个学期下来，她走遍了30多个留守儿童家庭，掌握了第一手资料。新学期开学，一村民夫妻将儿子送到她的班上，两口子才放心地去广东打工，并说："把孩子交给李校长，她就像带自己的孩子一样带，我们当家长的放心。"

李水英还常常用手机与学生家长互发微信，事无巨细地关心孩子们的情况。正是这些日积月累的点滴小事，李水英赢得了学生的尊敬和爱戴。无论是学生、老师还是家长，都很信任、感激这位"校长妈妈"。

李水英不光是校长，还是学生们的校医。有一次，正在吃晚饭的李水英得知赵发等两名学生发烧后，她立即放下饭碗向学校跑去，及时给他们量体温、吃退烧药。学生生病或者不小心碰伤，她就带上家里的常备药箱给学生作简单的处理，凡是学生患上重病，她就带着他们上医院医治。三十多年前，她跟随丈夫到公会镇卫生院学习了两个月医疗知识，如今已累计给学生看病超过1000例，帮学生出医药费超过了15000元。

她不仅关心、爱护学生，而且对外来教师的关心也像关心自己的子女一样。来自山外的支教老师梁贵金夫妇、代课老师李仕琼天天住校，她经常利用放学时间到山上采摘野菜，并把野菜和自己腌制的酸菜拿给他们吃，还带他们到自己家做客，让他们感受家的温暖。

李水英早就到了退休的年龄，但为了让更多的瑶山孩子走出大山、走进大学，她毅然作为茶坪小学退休返聘教师留了下来。

村主任李进军是李水英的学生，他做了一个调查：瑶族聚居地的茶坪村，居住300户1640人，有超过900人是她的学生，有30多人先后考上了大中专学校。一到节假日，李水英的手机就滴滴响个不停，大量节日问候从天南海北发来。毕业于桂林理工大学的严杨汉等多位学生在每年春节还专门到她家拜访，他们都惦记着这个“校长妈妈”。谈起自己教过的学生，李水英总会开心地笑起来，这是她最大的光荣，也实现了选择教师职业最初的心愿——让瑶山的孩子学好知识，走出瑶山，改变瑶山。

“只要学生在校园里健康安全，我付出怎样的代价都愿意！”不论多少风雨，李水英依然痴心不改，坚守在这所学校，守望着瑶山的孩子走出山外的世界。她用全部身心践行着自己的教育梦想，用爱和知识托起了瑶山孩子心中的梦。

听好人故事

身兼数职的护航人

他，淡泊名利，用自己的全部智慧为中国航天事业“一飞冲天”默默付出。确切地说，他是为中国航天事业保驾护航的人。他的名字叫卢勇。

空间用抗辐照玻璃盖片，用于太空飞行器上硅太阳能电池表面的防护材料；航天用掺铈的OSR玻璃基片，保护航天器内部仪器不受温度变化的影响；空间用柔性抗辐照玻璃盖片，保护太阳能电池不受太空高能粒子射线侵害……通俗地讲，航天玻璃主要用在航天器的太阳能电池板等设备上，保护相关设备不受太空高能粒子、有害射线等的侵害，被称为航天器的“护身铠甲”。

过去，航天玻璃有不少品种制造难度大，而且依赖国外进口。“中国生产的航天器，当然要用中国玻璃来保驾护航，不然很容易受制于人。”于是，卢勇暗下决心，一定要打破国外垄断，造出高性能、高品质的航天玻璃。

2000年，卢勇投入自己全部积蓄加上借款，在秦皇岛经济技术开发区成立了星箭公司。

刚接触这个行业时，卢勇什么都不懂，就整天围着设备转、拿着说明书看、抱着专业书啃，有啥疑问就请教技术员。一来二去，慢慢摸熟了玻璃生产加工的工艺。为打破OSR玻璃基片完全靠国外进口的局面，2009年，卢勇带着技术团队昼夜奋战，在配方、制造工艺等方面不断研发试验。

当时，公司正研发用于嫦娥三号月球探测器的OSR玻璃基片，遇到了一个技术难点：月球表面温差很大，对玻璃物理性能要求非常苛

刻，需要玻璃能够快速适应高低温的瞬间变化。为此卢勇一头扎进实验室，吃住在公司，夜以继日地跟技术人员一起研究探讨。公司条件有限，模拟不了月球表面温度环境，他们只能把产品一次次送到客户那里检验。

经过两年多上千次的试验，客户那里终于传来了检验通过的好消息。研制的OSR玻璃基片具有高反射、低吸收的特点，保证了月球探测器内部仪器在高温差环境下的正常工作。

科学严谨的态度，加上敢为人先的闯劲，卢勇带领的星箭团队目前已拥有6项发明专利、2项实用新型专利，其中柔性抗辐照玻璃盖片、超大超薄高强度抗辐照玻璃盖片、OSR玻璃基片等填补了国内空白，打破了国外技术的垄断。

目前，国家发射的每一颗卫星、每一艘飞船，以及国外的部分卫星都用上了星箭的产品。这份骄傲是卢勇多年拼搏与付出的结晶。

他，无私奉献，为航天事业的腾飞隐忍坚持，用“坚守”书写下敬业精神的高度。一次次打破国外的垄断，一次次填补我国航天技术的空白，卢勇每年为国家节约外汇几千万元。

由于为国家节省了大量资金，卢勇本人收获了诸多荣誉，许多产品是国内甚至国际的“唯一”，这都代表了星箭的高度与实力，可卢勇的企业产值却未收获同样的盆满钵满。“我们的产品主要用于航天事业，属于特种产品，平时也自然没什么订单，市场需求量很小。”

做这一行，无上荣光，可也是一个付出和收入不成正比的行业。一面是需求不断提升的技术要求，一面是极小的市场需求量，卢勇的压力可想而知。

卢勇说，自2000年星箭成立，直到2002年底公司才收获了第一桶金，而且仅仅有6万元，还不是纯利润。一个企业近3年的时间没有一分钱入账，与此同时，为满足不断提高的航天产品的技术要求，企业还要不断加大人力、物力、财力的投入。那时候连22元的出差车票都买不起，好几次都想过放弃。还在老厂区的时候，有一次员工放假，卢勇一个人在公司值班，他在地上铺上一床凉席，躺在上面，不禁就在心里问自己，这样做真的值吗？

早在2003年，星箭生产的抗辐照玻璃盖片用于神舟五号，一封来自中国电子科技集团第十八研究所的感谢信，让星箭一下子有了名气。

然而，“名气”“荣誉”对于航天玻璃这个行业的发展并没有什么用，企业的订单量依然没有起色。显然，现如今的卢勇对特种玻璃这一行业的市场已经了然于心。

为了保障员工的开支，卢勇卖了自己的家具厂。又维持不下去了，他又卖掉家里的房子。没有办公室，他就在一个破面包车壳子里办公，真正是“倾家荡产”。

企业逐利本是天性，可面对困境，卢勇不忘初心，依然坚持从质量和技术出发，追逐他的航天梦想。

无论是奔驰、宝马还是苹果手机，这些以产品品质著称的企业都曾发起过召回。再优秀的企业，也很难保证自己产品的合格率达到100%。然而，卢勇做到了——星箭公司创下了企业成立18年来产品无一质量差错的纪录。

18年来，顶着巨大的压力，卢勇的“航天梦”从一辆废弃车里出发，艰难前行，他用实际行动书写出他心底已有的答案：值！

他把责任二字扛在肩上，一切为了航天。

在卢勇和所有星箭人的共同努力下，星箭的产品得到了全行业的认可。星箭成为中国航天科技集团民品配套唯一一家优秀供应商、上海空间电源研究所的优秀供应商、天津恒电空间电源有限公司的优秀供应商。

每一次来“命令”，卢勇都会对产品质量和技术提出更高要求。作为星箭研发团队的核心，直至今日，卢勇每天大部分时间依然都在实验室和车间搞研发，他对科研事业的付出令人敬佩。

卢勇是公司每天最后一个走的人，公司离市区远，没有公交车，他就最后一个走，可以把大家挨个送回家。

他除了担任公司最后一趟通勤车的司机，还负责公司一楼的保洁工作，公司食堂的“大厨”、院内的绿化养护都是由公司的员工担任，公司搬家的时候也不请搬家公司，那些重大的仪器设备都是员工自己搬，几个人搬不动就十几个人一起搬……当然，这所有的工作岗位，卢勇一定是“身先士卒”。

而他做的这一切，都是为了科研事业。如此一来，公司一年可以省下十几万元的人工开销，把省下来的钱用在科研上，这是每一个星箭人都希望的。

卢勇的敬业感染着每一位“星箭人”，也正因如此，员工们才愿意和卢勇并肩作战。

走在星箭公司的车间里，到处是警示员工“时刻牢记肩负的神圣使命”之类的标语。

“做这一行，肩上的责任太重。”卢勇常常语重心长地说。

听好人故事

高压线上的“舞者”

1993年，山东省威海供电公司成立带电作业班，年仅25岁的刘朴明凭借过硬的技术与丰富的作业经验，被选为首任班长，成为威海供电公司当年最年轻的班组长之一。

如今，二十多年过去，“奉献不言苦，追求无止境”始终是刘朴明的工作准则，也是他在学徒时期从师傅身上学到的最宝贵的财富。

“带电作业每分每秒都在跟‘死神’接触，基础业务掌握不牢，再有技术也白搭，现在能耐得住性子、沉下心去学，将来遇到再复杂的问题，也能沉着应对、妥善处理。”每当新人入职，不论学历多高、专业多强，在刘朴明这里都是一张白纸，基础业务训练是他们必须执行的第一项任务。

刚踏入社会的新员工，进行爬杆、包导线绝缘皮、自我保护等简单枯燥的基础业务训练，时间一长便产生厌倦情绪，作为师傅的刘朴明却毫不松懈，反而更加严厉地敦促他们加强基础。

“我也从那时候走过来，师傅能用实际行动一点点感染我，我坚信也能够让徒弟们明白我的良苦用心。”刘朴明说。

2014年8月，崮山水产线2号杆发生故障，由于杆线过高，周围有花坛围挡，绝缘斗臂车无法靠近，抢修工作一时间陷入僵局。当时气温很高，如果不及时抢修，导线持续发热极易造成断裂，整个片区都会停电。

面对眼前的僵局，刘朴明凭借经验，提出可以尝试使用绝缘平台作业法。但绝缘平台仅30厘米长，保护措施单一，作业时间长、劳动强度大，不少人担忧起来。

参与抢修的人员中，刘朴明说自己的资历最老、经验最丰富，这时候不上怎么行。为尽快抢修，他顶着烈日，在大家的帮助下爬上高空，组装起30公斤重的绝缘平台，换上4公斤重的绝缘衣，开始了长达2个小时的抢修工作。当电路恢复正常的一瞬间，平台下传来阵阵掌声。

第一次尝试新鲜事物，说不害怕是假的，但是作为大家的师傅，也是一名共产党员，刘朴明还是冲在了前面，给大家树个榜样。

2012年，威海区域首次开展带电加装分接开关三类作业；2014年，完成山东省内首次带电更换电缆作业；2016年，大力开展绝缘平台作业……在担任带电作业班班长的二十多年间，刘朴明凭借胆大心细、敢于创新、不畏挑战的精气神，带领威海地区带电作业队伍从一穷二白发展成配网骨干力量，并创办“朴明创新工作室”，深入研究如何优化作业流程、拓展作业项目、改进作业器具，目前已获专利66项。

“带电作业是咱电力检修专业技术含量最高的领域之一，决不能故步自封。”刘朴明时常把这句话挂在嘴上。

2016年5月，高区一处电缆与换电箱发生故障。该接触点是保障周围两家加工厂正常用电的关键，为避免给工厂带来经济损失，刘朴明仔细研究事故原因，详细制定抢修预案，创新性提出用旁路方式更换电缆。最终不仅成功更换故障线路，同时避免停电现象的发生。

旁路不停电更换电缆的成功实施，开创了山东省带电更换电缆的先河，同时解决了抢修时的车辆停靠问题，保障了施工人员安全，提高了工作效率，为实现全域不停电的目标打下了坚实基础。

“身为一名奋战在一线的共产党员，就得有股子冲锋在前的精神，勇当第一个吃螃蟹的人，不断融入创新因子，守护万家灯火，为供电事业高质量发展作贡献。”刘朴明一如既往地坚定。

刘朴明在平凡的工作岗位上干出了不平凡的业绩。他不求名利，以饱满的工作热情、扎实的工作作风、优异的工作成绩赢得赞誉。

听好人故事

钢琴上的“90后”女校长

名山小学是江西省南昌市湾里区最边远的一个教学点，涂悠悠不光是这里的校长，还是语文和英语老师。这里没有电视，之前连网都没有通，到了晚上，涂悠悠要么辅导孩子，要么家访，要么自己学习，每天都过得很充实。

2016年，涂悠悠参加了江西省教师招聘统一考试，此前她在培训机构做过托福助教，后来在离家很近的镇上当了2年的团支部书记。她很喜欢当老师，以前因为这样那样的事错过了考试，要考试的时候，发现符合条件的就是名山小学。

名山小学所在的名山村不通公交车，村民大部分都外出打工，村子里剩下的孩子基本都是留守儿童或来自单亲家庭，在这里购买蔬菜水果等日常用品都需要到镇上。来到学校前，涂悠悠从来没听过罗亭镇，更不知道学校在哪。2016年9月，涂悠悠正式上岗，一年后，她从前任校长的手中接过“接力棒”。现在，她为了教学基本留宿在村子里，很少回家。如果有工作需要去镇上或是区里，她都要通过电话联系出租车司机，来回就要60块钱。

5个年级、14个孩子、包括自己在内的5个教师，这就是“90后”校长涂悠悠的名山小学。

远离父母、独自住校、与谈婚论嫁的男友分手……刚来学校那会儿是最难熬的时间，涂悠悠面对的不仅仅是初到山区的无所适从，还有精神上的压力。特别是到了晚上，背倚大山的名山村一片寂静，涂悠悠好长时间都不敢在晚上出门。田园风光带给涂悠悠的并不是远离城市喧嚣的浪漫，而是恐惧。

初来乍到的那段日子涂悠悠也偷偷哭过。有一天，当她蹲在操场上哭时，发现一个小女孩正隔着铁门偷看她。当她喊出学生的名字时，那个特困家庭的四年级学生咯咯地对她笑，涂悠悠看着她，她的脸上那么干净，笑容那么灿烂。她跟随她来到简陋的家里，当看到小女孩的弟弟在黑暗中面对电视发呆、不写作业时，涂悠悠第一次感觉到了什么叫自责，为自己没有尽心尽力做好工作内疚不已。

责任感让涂悠悠从最初的恐惧和无助中走了出来，到小女孩家后的第二天，她上课的第一句话是“I'm sorry”。读大学时通过自学过了英语八级的她，向学生们承诺：“我要让你们把英语学好。”

于是，身为语文和英语老师的涂悠悠成了“孩子王”，她在课堂上寓教于乐，通过游戏让孩子们练习口语；为了让孩子们更有学习兴趣，她拿出自己从家里带来的水果当奖品，一星期的水果两三天就没了；她带着孩子们给孤寡老人按摩、送吃的，以这种方式教育他们从小敬老和孝顺……

名山小学不比城里的学校，这里的钢琴是从镇里的学校借来的，弹的时候经常会漏音；上计算机课时，学生们只能围在涂悠悠的笔记本电脑边学习；课外辅导书更是基本没有。但是，涂悠悠希望自己的学生一样能全方面发展。为此，不懂钢琴的涂悠悠打算买书来自学，可是看不懂，只好打车去镇上找老师学习。老师问她为什么要学钢琴，劝她换一样吧，钢琴很难。当时涂悠悠感到很挫败，可她没有放弃，她的坚持打动了老师，教了她一些基础的知识。为了学习，涂悠悠甚至在自己家买了一架钢琴，因为寒假在家也可以练习。她还自费购买课外辅导书送给学生，每次都会花上千块钱，买回来后一家一家发给学生们。

在涂悠悠的努力下，她教的四、五年级英语得了全镇第二名，学校的五年级数学得了全镇第二名，她所带的班级在抽测考试中获得五年级全区第一名……孩子们一点又一点的进步给了涂悠悠莫大的鼓励。说起学生的进步，涂悠悠如数家珍："理解是教育的前提，彼此尊重是教育成功的基础。当孩子被你认同、你被孩子尊重后，他们可能会有惊人的潜力和爆发力。"

孩子们表达喜欢的方式是简单的。经常有孩子来敲她的门，很大声地喊“老师开门”，他们手里提着用草绑好的萝卜、野芹菜，他们说：“老师你没有菜吃，我给你摘来菜了。”

当学生毕业要去镇上读中学的时候，他们会拉着涂悠悠的手说：“老师等我们去罗亭读中学了，你也去教书吧。”孩子们也担心涂悠悠会离开，就对她说：“老师你不能走，你走了我们不是没有老师，是连校长都没有了。”

一天6节课，课余时间要辅导孩子们写作业，或者去家访。周末则带着孩子们学音乐、打篮球、摘草莓、爬山，或是通过捡垃圾、帮老人按摩等方式上思想品德课。夜深人静的时候，涂悠悠会看教案，她说：“我知道作为一名合格教师要学会终身学习。”

刚到名山小学时的不开心涂悠悠都忘记了，她只记得幸福的事。她平时说得最多的是她的学生如何听话、她与学生们在一起多么开心。

涂悠悠说：“我喜欢名山的纯朴乡风，学生在成长，我也在成长。我觉得教书是一件幸福的事。我愿意尽我所能，和我的团队一起教育好名山的孩子，陪他们一起走过童年。”

听好人故事

一支“带不走的医疗队”

2013年，江苏省昆山市中医院副院长封以生带领援疆医疗队的11名医疗专家入驻了新疆克孜勒苏柯尔克孜自治州（简称“克州”）阿图什市人民医院。从江南天堂到西北边陲，气候异常、环境恶劣、饮食不便是摆在封以生面前的巨大挑战。克州年降水量不到100毫米，而年蒸发量却在2250毫米以上。刚到阿图什时，每个人都是嘴唇干裂、眼睛红肿、鼻孔流血。由于温差比较大，特别容易感冒，一直需要吃药。

刚到阿图什的第四个月，封以生的医疗队就接到了一个危重病例。“有一个产妇出血，血色素只有1克，到乌鲁木齐要1500公里。”封以生说，“救护车需要配两个司机，开过去要20多个小时。”阿图什的医疗设备还不足以抢救这样的危重病人，眼看着患者的生命一点一点地流逝，封以生当即决定，带着医院其他5名医生一起，相互配合抢救。从下午2点一直抢救到晚上7点，终于将患者从生死线上救了回来。

在之后和患者的沟通中，封以生得知，阿图什当地孕妇很少做产检。从那时开始，每到休息日，他都要组织援疆医生团队，为当地孕妇进行科普宣传。他们在阿图什人民医院开展了一个孕妇学校，由援疆医生进行主讲。医疗团队进到山区里，真正做到送医到乡、送医到村，让阿图什市区的居民知道怀孕之后要到医院建卡，并进行产前筛查。

2015年7月，突然传来爷爷病危的消息，封以生悲痛不已，他花了两天返回老家，却没赶上和爷爷说最后一句话。处理好爷爷的后事，封以生迅速返回阿图什，继续履行援疆使命。

贴心的帮扶让封以生和同事们结识了一群当地“亲戚”。“我们来到阿图什市，我们就是阿图什人，就得做好工作，和阿图什各族人民交朋友。”封以生说。在工作走访中，封以生发现阿里木江老两口身患胃病，儿女都不在身边，便主动提出与老人结对，有空就带着米、油等生活用品上门看望老人，双方结下了深厚的情谊。在封以生的调理下，老两口的胃病完全康复。工作之余，封以生还与阿图什市昆山育才学校的3名贫困学生结对，不仅提供给他们日常生活用品和学习用品，还常给他们讲述外面的世界，打开孩子们的眼界和思路。

在阿图什，封以生还有很多这样的亲戚。让封以生难以忘怀的是，援疆结束离开阿图什的那一天，他的“表哥”“表嫂”特意从百里之外赶来为他送行，他们紧紧拥抱着封以生，泪流满面。

作为昆山市中医院的优秀医生，封以生来到阿图什市人民医院后，弘扬中医文化，把自己多年的临床经验和先进的中医疗法用于强化当地医院专科建设，稳步提升医疗质量。

来到阿图什，封以生兼任阿图什市人民医院副院长，他凭借扎实的专业知识、精湛的医疗技术和热情的服务态度，迅速赢得了克州及周边人民的信任。55岁的阿布拉江便是慕名而来的患者之一。多年来，阿布拉江一直患有肛瘘，四处求医，难以治愈。封以生经过仔细查体及超声检查，确诊阿布拉江得了高位复杂性肛瘘。封以生采用多切口对口引流结合中医挂线方法进行手术。术后经过20多天悉心调理，阿布拉江终于康复了。

在封以生的带领下，昆山援疆医生进疆还开创了当地医院多个技

术“第一”：第一台腔镜胆囊切除术、第一次使用呼吸机成功抢救患者生命、第一次开展急诊微创探查手术、第一次多科协作抢救多器官衰竭患者、第一次剖宫产平安分娩龙凤胎……先进的医疗技术在阿图什市民中传为美谈。

授人以鱼，不如授人以渔。2014年，在封以生的主导下，阿图什市人民医院举办了首届援疆医师“师带徒”活动，推行“1+X”带教模式。封以生亲自带两名徒弟，竭尽全力在中医业务技术上对年轻医师进行精心指导，手把手传授诊疗技术要点。三年里，封以生和援疆医生组织了两次“师带徒”活动，带教徒弟40人，传授300余项核心技术。通过带教，8名徒弟顺利通过执业医师考试，25名徒弟在手术操作上有了极大提高，能够出色完成多项疑难手术，提高了危急重病患者的抢救成功率。

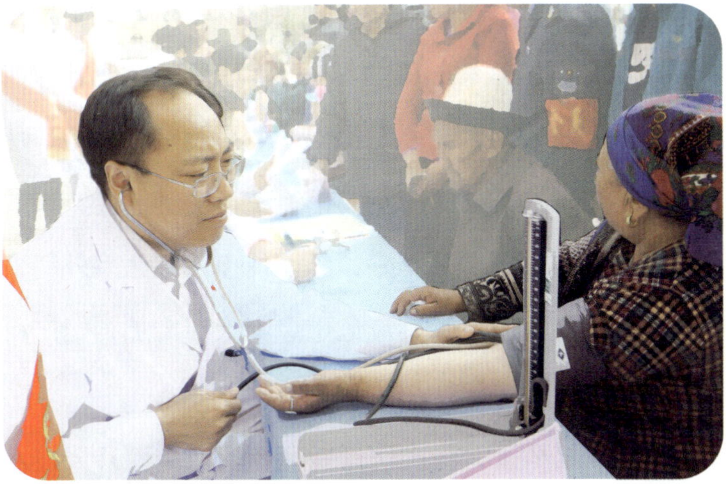

为了能让更多当地群众享受到医疗援疆带来的便利，封以生带领援疆医生们“走乡入村”义诊。三年里，他们下乡巡诊36次，服务农村患者万余人，足迹遍布阿图什市各个乡镇。在封以生的患者登记本上，密密麻麻地记录着各乡村患者的体检病例。经过仔细观察和缜密分析，他发现由于当地水质较硬，居民患有胆囊结石、肾结石等常见病。因此，他把昆山中医院的众多特色自制中药、协定处方等带到了阿图什。封以生还向当地居民宣传“治未病”的理念，引导他们通过自我管理慢性病促进身体健康。先进的诊疗保健方法使阿图什市民更加相信援疆医生，对中医疗法也更加认同。

来到阿图什市人民医院后，封以生被安排协助该院创建二甲医院。面对当地基础设施薄弱、管理制度滞后的医院运营环境，封以生感觉压力很大。但他坚持走访临床，将昆山市中医院创建的经验毫无保留地传授给当地，从计划到实施，再到督查、反馈及整改，引导科室进行PDCA闭环质量管理，最终，二甲医院评审专家给出了一致好评。同时，在前期调研的基础上，封以生提出了“重点专科领跑、特色专科助跑、一般专科跟跑”的发展思路，推行主诊医师制度，形成规范的急救流程和技能操作。运行几年来，阿图什市人民医院外科、妇产科、心内科等科室收治病人数和疑难危重患者大幅增加，妇产科、感染科成功创建州级重点专科。

在封以生的牵线搭桥下，昆山医疗专家组多次进疆开展技术传授和义诊，阿图什选送技术骨干60人至昆山进行半年以上的专科进修，重点学习临床中的核心技术和诊疗规范，目前30名临床医护人员学成回疆，成为科室技术骨干。

三年援疆结束时，封以生获得新疆维吾尔自治区“援疆干部人才”称号。阿图什市委常委、组织部部长魏振峰评价：“以生同志的医技传承，给阿图什留下了一支带不走的队伍；他的医者仁心，树立了江苏援疆人才的良好形象；他身上展现的‘昆山精神’，成为阿图什医生学习的好榜样。”

听好人故事

中国超算逢“甘霖”

习近平总书记曾这样寄语年轻人——在火热的青春中放飞人生梦想，在拼搏的青春中成就事业华章。作为国家超级计算无锡中心研发部主要负责人、一名工作在科研第一线的研发工程师，甘霖是这一寄语的最佳诠释者。这个超算中国梦的实现者，多年来一直致力于我国第一台国产世界最快超级计算机——“神威·太湖之光”的应用研发，为实现超算工作者“自主创新、能用好用”的奋斗目标而不断努力着，也让世界见证了“科技中国”的力量。

2015年12月，正值“神威·太湖之光”超级计算机研制与组装的关键时期，当时还在读博士的甘霖，同一群平均年龄只有25周岁的年轻人一起，来到无锡当时硬件设备还极不完善的研发基地，共同投入到我国第一台国产众核超算系统的试算与调试工作。也就是从这一刻起，甘霖和同事们在无锡不断攻坚克难，开启了他为实现超算系统“能用、好用、耐用”的“中国梦”的奋斗之路。

这群年轻人肩负着一个重要使命，要为这款完全国产化的超级计算机打造属于自己的应用。然而，研发初期的工作环境却是十分简陋。因为基地设施还不完备，仅有的空调只够保证机器运行，这些“神威·太湖之光”最早的用户们开启了工作的“蒸笼”模式。盛夏酷暑，他们在无空调的状态下工作了半年。后来空调有了，但开关时间受到限制，对于加班如便饭的研发人员来说，白天还好些，清晨与深夜都是挥汗如雨的时候。回忆起团队初创时的点点滴滴，甘霖满脑子都是“热昏”的记忆。他们面临的任务挑战也是艰巨的，机器是全新的，硬件是全新的，软件与应用都不完善，只能迎难而上。

在困难面前，甘霖和团队成员们没有逃避、没有放弃。在入围2017年“戈登·贝尔”奖决赛的“超大规模大气模式模拟”工作中，甘霖和团队每天面对的是百万行的程序代码，有的时候，为了精确定位和排除一个细微的程序错误，就需要花费几天甚至是几周的时间，每天的睡眠时间可能只有三四个小时，对体力和脑力来说都是巨大的消耗。与此同时，要实现基于国产超算的超大规模、高分辨率的大气模式的模拟，通常还需要克服来自数学、大气物理、大气化学、大气生物等不同学科的众多关键问题。为此，甘霖他们在加班加点工作的同时，还频繁与清华大学、山东大学、中科院等高校院所的不同学科的专家学者取得联系，虚心向他们请教各种问题，邀请他们派驻团队成员到无锡参与共同研发。

功夫不负苦心人。2016年6月，“神威·太湖之光”计算机系统在德国法兰克福世界超算大会上首次亮相，计算能力一举夺冠。基于该系统的一系列应用成果也随之发布，充分证明了这台由中国科学家自主研制的计算系统是“能用”且“好用、耐用”的，是具备服务重要领域核心应用能力的。

此后，甘霖和团队再接再厉，在国产超算系统上不断取得新的突破，一系列世界领先的成果也随之诞生。

2016年3月，甘霖作为主要负责人之一参与“千万核可扩展大气动力学全隐式模拟”工作，其科研成果的计算效率比美国取得的最新成果高出近一个数量级，未来可在天气预报、气候变化研究等领域发挥重要作用。目前，该工作已经获得气候模式领域同行的关注和认可。

2017年3月，甘霖凭借在国产超算系统、计算机科学、地球科学等交叉领域的优异表现，获得2017年“清华大学-浪潮计算地球科学青年人才奖”，该奖项是目前我国在超算和气候研究交叉领域唯一的青年人才奖励计划，其候选人由两院院士、长江学者等知名专家推荐。甘霖成为该奖项设置以来最年轻的得主，也是目前唯一一个同时获得学生奖和青年人才奖的得主。

而最激动人心的，却是2016年末的“新年礼物”。2016年11月，在美国盐湖城举办的世界超算年会上，甘霖作为共同通讯作者发布的最新成果，一举获得“戈登·贝尔”奖，此奖被誉为世界超算领域的“诺贝尔”奖。甘霖的获奖实现了该奖创办30年来我国科研团队在此大奖上零的突破，成为我国高性能计算应用发展的新里程碑。甘霖也和团队其他成员一起，登上了世界超算领域的最高领奖台。首次摘得“戈登·贝尔”奖的重要成果，被习近平总书记在2018年两院院士大会上“点名表扬”。

除了自身不懈追求，甘霖还尽己所能推广科研成果，成了妥妥的“超算代言人”，让科研以更加有趣的方式进入大众视野，也让“国之重器”成为助力更多年轻人成长与发展的最好“实践教科书”。

科研之余，甘霖和他的小伙伴们最热衷的事情之一，就是去接待那些来超算中心参观的年轻人与小朋友们，在“太湖之光”面前向他们展示国家超算技术发展的最新成果，也向他们讲述超算发展一路走

来所经历的艰辛与曲折。

在甘霖和小伙伴的努力推动下，国家超级计算无锡中心已经成为无锡市青少年科普教育基地，每天都有来自各地的学生参观与学习，体会科技进步的力量。

眺望未来，甘霖信心十足："作为新时代的科研人，我们有信心为改革开放的下一个十年、二十年，不忘初心，砥砺前行，继续创造更多更好的成果。"

听好人故事

“大国工匠”背后的金牌教练

在湖北省武汉市第二轻工业学校，禹诚身穿蓝色工装，在学生们的簇拥下，聚精会神地调试程序，她时而默念，时而用粉笔在黑板上计算。输入程序、安装工件、启动坐标轴……在她的操纵下，庞大而笨重的机床就像她那双灵巧的手，不一会儿就把一块长方形废铁切割成一方造型精美的印章，印章底部赫然出现她的英文名字。

每到暑假，为了吸引更多新生填报数控专业，作为该中心的负责人，这位国家级名师就会带领高年级的学生展示出一场场“达人秀”，引来无数的家长和学生啧啧称奇。

1993年，禹诚从华中科技大学机械工程系毕业。这名刚会走路就跟着做乡村教师的妈妈上讲台的女孩，放弃了沿海城市的优厚待遇，选择来到武汉第二轻工业学校，成为一名中职教师。那个时候，她还不知“数控”为何物。

2000年，数控技术方兴未艾，禹诚敏锐地意识到该行业潜力巨大。于是，她一方面建议学校买教学型数控机床、在模具专业开设数控加工实训课程，一方面四处搜罗资料自学相关知识。

要教学生，首先自己得懂。那时候，数控是门新技术，没人会，更没人教。面对这个陌生而新鲜的领域，禹诚那股求知探索欲一下子就涌了上来，义无反顾地闯进数控界。

那段时间，禹诚对数控痴迷上瘾，不达目的誓不罢休。为了解决一个难题，她能在电脑前坐上一整天，茶饭不思、绞尽脑汁。有时候，凌晨两三点刚刚躺下准备睡觉，突然灵感乍现，又一骨碌爬起来，继续工作，但是她也没感到累，反倒觉得特别充实、开心……禹诚用了八个字来形容自己当时的状态：“挖空心思，削尖脑袋。”

2004年，武汉第二轻工业学校被确定为示范性数控技术职业教育实训基地，成立了数控技术中心，禹诚被任命为中心的技术负责人、首席培训师。为了弥补技术短板，她放弃休息时间，通宵达旦投入到练习中。

2005年的暑假是禹诚最难忘的日子，白天泡车间，晚上住宿舍，饿了吃盒饭，夜以继日。厂房里还没有空调，只能靠一个工业用的大风扇在旁边吹。风很大，脸就像被刀割一样，很干、很疼，但是不吹又会被蚊子咬得一身包。禹诚和学生们一次次地做样件，检查、重做，再检查、再重做……攻克一个又一个技术难题。

禹诚的“一举成名”是在2006年的3月，她第一次担任学校数控大赛集训队的主教练，指导学生参加湖北省数控技能大赛，所带团队一举囊获团体第一名、三个单项的前三名和四个单项的金牌，成为那一届比赛中最大的一匹“黑马”。

此后，禹诚率领的学校数控队，在全国职业院校技能大赛中披荆斩棘，连续七年摘金夺银，培养出一大批技术能手，被誉为数控界的“梦之队”。傲人成绩背后，是禹诚这个“拼命三娘”带领着学生们冬练三九、夏练三伏，是“五加二、白加黑”的勤奋训练，是在刻苦练习中消耗的30多吨钢材、磨损的800多把刀具。

让学生在比赛中磨炼技艺，更在比赛中收获成长，是禹诚培养集训队员的目标。2013年6月下旬，禹诚带领学校数控集训队来到天津参加全国职业院校数控技能大赛。数控技术能手云集，比赛竞争非常激烈。经过3天的连续奋战，集训队获得了1金2银2铜的好成绩，但队员们却并不开心，因为传统强项意外失分，导致成绩没有达到预定目标。作为集训队总教练，禹诚放下自己的低落情绪，及时给予这些还未成年的学生们正面的鼓励。她和学生们彻夜长谈，引导他们正确面对人生的挫折，激励他们在今后的比赛中刷新成绩。

如今的禹诚不再是当年的青涩女孩，已俨然成为湖北中职学校数控专业声名赫赫的“掌门人”。她主编了数十本教材，主持了多项国家及省市级课题，成立了自己的工作室，带出了一个“梦之队”：一名全国技术能手、两名湖北省“五一劳动奖章”获得者、七名湖北省技术能手、十一名武汉市技术能手；还承担起青年教师的教学指导工作，

培养了一批理论扎实、技能过硬的数控专业骨干教师，形成一个团结进取、奋发有为的数控教学团队。

随着数控加工设备在企业的大量引进，企业员工培训的需求日益迫切，武汉锅炉公司机械加工分厂常常邀请禹诚周末去做数控讲座。每次授课，禹诚就要清晨5点多钟起床，然后坐一个半小时的公交车到厂里去，一讲就是4个多小时。在培训时间里，她没休过一个完整的双休日，慢性咽炎也发展成声带小结。可一走上讲台，一走进车间，她就把医生的警告忘得干干净净。

有人觉得，读中职的孩子大多成绩不好、不上进，但禹诚从不这么认为。她说："没有一个孩子天生是差生，关键看老师怎么引导。这些上中职的孩子，其实都很聪明，只是之前没有找到兴趣点。老师应投入更多精力，一点点鼓励、教导、培养，让学生发现自己的爱好，就会越来越有干劲。"

姚楚郴是禹诚的一个学生。他曾在普通高中读了一年，但因成绩不好，学得不开心，就转到武汉第二轻工业学校。刚到学校时，他情绪很糟糕，有点"破罐子破摔"。禹诚就手把手地教他在机床上做各种有趣的小玩意，帮他重拾信心。渐渐地，姚楚郴对数控加工产生了兴趣，没事就往实训车间跑。当看到师兄在全国职业技能大赛中获奖，在人民大会堂领奖的那一幕，姚楚郴更加坚定了信心，觉得自己一定也有这个能力。

这一切，禹诚看在眼里，喜在心头，她把姚楚郴招入了集训队，进行更专业的辅导。功夫不负有心人，姚楚郴获得全国职业技能大赛铣床一等奖和全国技术能手称号。2012年，姚楚郴毕业了，顺利进入武汉船用机械公司工作。

“禹老师，没有您，就没有我的今天。”姚楚郴的短信，禹诚一直留着。她认为，职业带来的这种成就感是任何奖励、荣誉都无法替代的。

从事中职教育20多年，禹诚培训出的学生数不胜数，他们有一个共同的特点，就是要把每个产品“做到极致”。“工匠精神，就是追求细节，追求完美。”在她的眼中，做产品，只有“合格”与“不合格”两种，没有“差不多”“大概可以”，必须达到100％的精确，才算做到极致。

“我觉得，教师是世界上最幸福的职业。”不忘初心，扎根中职教育，禹诚觉得自己永远充满着力量。

“全国模范教师”“全国优秀教师”“全国技能大师”“中国首届职教名师”“湖北省金牌教师”“武汉市技能大师”……比起这些称号，更让禹诚开心和满足的是训练和加工中找到解决难题的方法的那一刻，是选手在大赛中登上领奖台的那一刻，是学生就业后向她汇报成功喜讯的那一刻。

2006年至今，禹诚培养了2000多名数控技能人才，她所教过的学生，有的在重工行业，已成为大型车铣复合中心带班技师；有的在船舶行业，已成为多轴加工中心技术骨干；有的在研究所，正和博士们一起参与研发国家重大专项课题。

禹诚说："职业教育是发展民族制造业的重要环节，我们需要一批踏踏实实做技术的'大国工匠'。我热切期待中国从'制造'阶段快速过渡到'智造'阶段，每一个人才'零件'都各得其所，支撑发展巨轮激情运转。"

听好人故事

一刀一纸一世界

杨兆群，江苏省常州市金坛区朱林镇人，从小喜爱画画。初中时，在美术老师姜兆芝的指导下，杨兆群创作的刻纸作品《样板戏人物》入选了县中小学生美术作品展。1975年，20岁的他被选入县文化馆的美术培训班，开始了专业刻纸创作。

刀法细腻、线条流畅、顿挫有力、内柔外刚，是杨兆群的特色。大家都叫他“杨一刀”。

他的作品在继承传统技艺的基础上融入了自己的特色，创意新颖别出，构图精巧雅致，造型生动简洁，具有挺拔、明朗的个人风格，先后有百余幅作品在全国各类报刊发表或入选国内外大展并获奖。其中，《从雅典到北京》《丰收的喜悦》被中国国家博物馆收藏，《大团结》被中国农业博物馆、江苏省档案馆收藏，《江南抗日之春》《水乡盛开大寨花》被江苏省美术馆收藏。《丰收的喜悦》《鹊桥会》等作品同时还在国际上获得大奖。

一纸镂出乾坤。一把刀，一辈子。

1979年，省里准备选送金坛刻纸到挪威、芬兰展出。赶制作品的时候，金坛地区发生地震，为了不耽误送展，杨兆群在地震棚内加班加点，送展的《普天同庆》等作品获得国外艺术界的一致好评。

刻纸是个精细活，一刀不慎，全幅作废。杨兆群的刻工了得，绝少废品，且刀法细腻、线条流畅、顿挫有力、内柔外刚，因此有了“杨一刀”的雅称。他的作品在继承传统技艺的基础上，融入了自己的特色，创意新颖别出，构图精巧雅致，造型生动简洁，具有挺拔、明朗的个人风格。

北京申奥成功后，杨兆群萌生了为奥运献礼的想法，于是他和几位民间刻纸艺术家组建了一支5人创作小组，开始长达4年的巨幅刻纸创作。为收集第一手资料，杨兆群多次赴希腊雅典、英国伦敦等地实地考察。作品完成后，杨兆群共投入十几万元。2007年12月，一幅长29米（象征第29届奥运会），高2.008米（象征2008年奥运）的刻纸作品——《从雅典到北京》，创作完成。2008年7月29日，这幅金坛刻纸登顶之作被国家博物馆收藏，时任国际奥委会主席的萨马兰奇给予了高度评价，并亲自来函表示祝贺。

2017年，杨兆群个人花费16万元前往南极冰岛，对企鹅造型进行取景，力图创作一批以企鹅来表现冬季奥运会的刻纸，为2022年北京冬奥会的举办献一份厚礼。此外，他还创作了著名的剪纸MV《长湖荡歌》，不仅在当地广为传播，还获得中华文化促进会的“中华剪纸艺术创作成就奖”。

随着阅历的增长，杨兆群的刻纸愈发显得圆润、内敛而又不乏张力。他的《华夏一家亲，同为圆梦人》等多幅作品均入选为中央网络电视台公益广告。

2010年，杨兆群开启了寻访100位中国民间剪纸老艺人行动计划，搜集他们的剪纸精品，并用影像记录他们的剪纸技艺。8年来，他的足迹遍布陕西、山西、河南、内蒙古、广东、福建、湖南、江苏

等大半个中国，累计行程多达数十万公里。截至2018年，杨兆群已走访了53位剪纸老艺人，其中年纪最大的100多岁，最小的70多岁。通过走访，杨兆群收集了大量的剪刻纸艺术精品，这些作品从明清到现代，各具特色。

2012年，83岁的陕西延长县老艺人刘兰英身体状况不太好，在甘肃平凉开会的杨兆群得知后，自费租了一辆出租车连夜赶往570多公里外的延长县，寻访这位老艺人。就在他走访后不久，刘兰英寿终正寝。

“陕西的高金爱、湖南的吴六爱等老艺人，均年事已高，我必须和时间赛跑，赶在时间的前面走访他们。”杨兆群说。

杨兆群现已过了花甲之年，到外省寻访民间老艺人，辗转各种交通工具，体力和精力等方面明显不如从前，但一想到自己是在为保护民族传统文化做一些事情，内心就很快乐，计划再用五年时间走访完100位老艺人。

杨兆群把自己寻访民间老艺人的故事，整理出版成《当代剪纸家》一书，在当地反响强烈。为了让大江南北的珍贵剪刻纸留存下来，杨兆群个人花费约12万元购买作品。

每到一处从民间老艺人那里学到的手工技艺、刻画元素，他都尝试融入金坛刻纸，在艺术呈现上创新形式，努力将本地刻纸技艺发扬光大。杨兆群说：“很多珍贵的剪刻纸作品总要有人去收集整理，不然以后大家就再也看不到了，希望我的努力能为国家剪刻纸艺术留下珍贵的资料和历史记录。”杨兆群将寻访百位中国民间剪纸老艺人、抢救民间剪纸艺术，视为自己的使命和责任。

作为一名金坛本土的企业家，杨兆群一直关注金坛刻纸，他个人先后赞助了18.5万元支持金坛市刻纸研究所渡过难关。

2011年，杨兆群个人出资在金坛举办了“飞洋鱼”杯全国小幅剪纸精品邀请展，得到国家文化部、中国民间文艺家协会等部门和组织的重视，引起国内剪纸艺术家的强烈反响。

2014年，杨兆群被中央网络电视台聘为公益广告艺委会委员，他的剪纸作品多次作为公益广告发布于国家级媒体。为了更好地开展精品刻纸创作，让下一代更好地传承光大刻纸技艺，杨兆群还成立了金坛剪刻纸艺术中心，并为残疾人提供就业渠道。目前，该中心已被评为“金坛区残疾人创业示范基地”。

为了普及刻纸文化，传播刻纸艺术，杨兆群多次在常州朝阳二小、泰山小学、湖塘小学、金坛白塔小学等学校免费开展刻纸培训。身为中国民间文艺家协会志愿者，杨兆群热心文艺志愿服务，在省内外多地举办“剪纸的传承与创新”等主题讲座，不遗余力地保护和传承剪刻纸文化。为迎接2018年的非遗日，6月8日，杨兆群举办了“杨兆群民间剪纸收藏展”研讨会，与国内专家们和艺术家共同探讨中国剪纸在当代生活中的文化意义和艺术价值，旨在对加强中国剪刻纸艺术的传承与发展起到积极的推动作用。

16岁的张诗媛，是金坛区华罗庚实验学校的一名学生，小学四年级的时候，她拜杨兆群为师。在杨兆群的指导下，逐渐掌握刻纸细致入微的技艺。2018年8月，张诗媛历时3个月独立创作的刻纸作品《免费午餐》获联合国部门收藏。“这几年，在杨老师的艺术熏陶下，我不仅对中国传统艺术有了进一步的认识，还悟到了做人做事坚持不懈的人生道理。刻纸艺术为我打开一扇门，我会一直走下去。”张诗媛说。

2009年，杨兆群正式成为金坛刻纸的国家级非遗项目剪纸传承人，2016年获评江苏省工艺美术师。顶着“大师”的名头，杨兆群眉间却多了些焦虑。刻纸犹如他的女儿，在她身上，杨兆群倾注了毕生的心血。虽然时代在变化，实体的剪纸可能已经不多见了，但是可以通过更多的形式呈现，也许是电脑上的图片，也许是窗花的元素。总而言之，这是中国人的情结，剪刻纸在一代又一代人的传承之下绝不会消亡。杨兆群的头发早已全白了，但他仍希望能筹建一座刻纸博物馆，将几十年来收藏和制作的作品完整地呈现给世人，让更多的人了解、支持、传承金坛刻纸这项非物质文化遗产。这是他的夙愿，也希望能得到各级政府的大力支持。

“一刀一纸一世界”，驻景挥戈的忙碌，诠释了这位民间工匠大师的情怀。

听好人故事

于山坳中投递爱

清晨，青竹江上飘着一层薄薄的雾气。关庄这个位于四川盆地北部边缘、地处龙门山脉的四川省广元市青川县的乡镇，每天清晨都会有一阵清脆的摩托车声音将其从沉睡中唤醒。那是何先伦的摩托车，他又要开始一天的工作了。

作为关庄邮政支局的支局长兼邮递员，何先伦负责关庄镇方圆37.4平方公里、人口约1.2万的四个乡镇的邮件投递。一大早，他就赶到支局，开始整理内务，分拣邮件，准备去苏河乡、红光乡、关庄镇的投递。

2008年，“5·12”大地震猝然袭来，刹那间山河移位、生离死别……当时正如往常一样处理着邮件的何先伦，立刻冲进营业厅抓着两名同事奋力往外跑，刚到街上，就见营业厅的一面墙壁和楼梯已被震垮。大震过后，他又和同事们冒着余震危险，将营业章戳、执照、金融许可证等重要物品抢救转移到安全地带，随后不顾众人阻拦，何先伦再次进入营业厅将数十万现金、凭证、办公设备和200余件二代居民身份证邮件抢救出来。

事后总有人问他："怕吗？"

他也总是不假思索地说："怕，但这些很重要。"

震后的关庄是残垣断壁的极重灾区，何先伦当时面临的投递工作相当复杂和艰巨。由于支局办公用房被震垮，整个支局只能在一个不到15平方米的货车集装箱里开展各种业务，邮件封发极度不便。

为了不影响营业室开展其他业务，何先伦总是在清晨和傍晚就将邮件处理好，然后开始一天的投递工作。震后道路堵塞，交通不便，他就步行投递，每天都会碰到数十次的余震和山体滑坡，十分危险。他不畏艰险，源源不断将承载着党的声音的一份份党报党刊投递到灾区群众手中，在频繁的强余震和山体滑坡的威胁下穿梭于苏河、红光、石坝、马公等乡镇。在当时灾区百姓的眼里，看到他投递奔忙的身影，就感觉党和政府就在自己身后，鼓舞着大家坚定信心战胜灾难。

救灾期间，由于为人正直、责任心强，何先伦被镇党委火线任命为关庄镇沙坝社社长。由此，他带领大家积极配合政府按期完成了场镇中心的房屋拆除、改建，用地划分等繁重任务，并协助政府利用邮政代收代发业务为当地百姓发放土地补偿款、拆迁赔偿款、各种保险金共1600余户，共计金额2300余万元，为关庄灾后重建工作发挥了积极作用。参与当地援建的浙江省绍兴指挥部多次提出要奖励何先伦，但都被他以“只是做好了本职工作”为由婉拒了。

青川邮政支局分拣室的墙上贴着一句话：“态度高于技能，责任大于知识。”这其实不是何先伦自己说的，是他在受邀参加上级单位“道德讲堂”时，看见门口播放的宣传标语。他默默地记下来，觉得工作其实就是这个道理，便把这句话打印出来贴在了墙上。每天在处理邮件时，一抬头便能看到，用它来时时规范自己的言行，也将这个道理教给支局其他年轻职工：要端正对待工作和群众的态度，穿上了这身绿色的制服，就要将责任扛在肩上，以更加高效优质的服务来方便大家、造福大家。

近年来，随着邮政企业转型的不断深入，对投递员自身素质要求也不断提高，他不仅要干好投递工作，更要成为邮政各项业务营销的多面手，做个“一专多能”的投递员。为此，何先伦不断充实自己，购买了各类专业书籍，利用业余时间学习了大量的业务知识。他在投递的过程中挨家挨户地宣传邮政各项业务，努力让更多的群众认识邮政、了解邮政，以实际行动塑造着邮政新形象。

对于何先伦来说，客户就是家人。他会像对待家人一样设身处地为客户考虑，为他们提供最周到细致的服务。他会联系开展“金融知识进农村”活动，用通俗易懂的语言讲解电话、网络金融诈骗案例，教老百姓识别假币、保护个人信息等，不断提升周边乡镇、农村居民的金融风险防范意识。镇上一位从福建来的生意人，就被他这种踏实善良的精神打动，逢人就说：“要存钱我就只认伦娃子，他是个好人！”

当有人问何先伦几个孩子时，他总会伸出三个指头。但熟悉他的人都知道，其实他只有一个亲生女儿，另外的两个女儿是“5·12”地震中不幸遇难的哥哥和弟弟的遗孤。当时，痛失22位亲人的何先伦在面对震后众多爱心单位和爱心人士提出的优厚领养条件时都一一婉拒，不假思索地收养了两个侄女，两个侄女也总是黏在他的身边，因为在她们心中“三叔是最善良的人”。

从此，他和妻子就将两个侄女当作亲生孩子，一起拉扯着三个女儿慢慢长大，也是这份至真至亲的父爱担当支撑着何先伦走过了那段难熬的时光。

如今，三个女儿已经全部升入大学。生活费、学杂费等，压在他肩上的担子越来越沉重，但他从不觉得苦和累。他说："看到她们现在能好好地上大学，就觉得没啥遗憾。"

20年走街串户的投递生涯，让何先伦成为关庄及周边乡镇的"小灵通"。谁家有困难时，他总是竭尽所能地给予帮助，看见谁家有事儿他也总是主动帮忙张罗，渐渐地，大家都把他当作了自家人。

2017年深秋的一个雨天，何先伦完成了一天的工作，正疲倦地走在回家的路上。突然，他看见街边躺着一个人，便立刻上前查看。那人不知在路边躺了多久，已浑身冰冷。何先伦见状，立刻联系了救护车和警察，在等待救援中他一动不动地蹲在地上为那人遮雨避寒，直到那人恢复意识，才与赶来的医生和民警一道将他安全送回家。

其实，这些年来，何先伦在镇上帮助过的人还有很多。

在当地，何先伦不只是邮政的投递员，还是青川县人大常委会任命的人民陪审员、四川省网吧义务监督员、场镇交通协管员、林业站的义务护林员。头衔众多，却无关荣耀与利益，每一个头衔的背后都是一份沉甸甸的担当，每一份担当的背后都映衬着一名基层邮政人的家国情怀。何先伦家中有一面荣誉墙，摆满了这些年他受到的各类表彰证书、勋章，墙架的最中间是父母的照片，他觉得，没有父母的养育就没有现在的他，也就没有这满墙的荣誉。

从2008年至今，何先伦的先进事迹就在邮政系统内外不断被宣传学习，而他本人也在这种种殊荣的鼓励鞭策中不断学习进步。他总是在别人需要的时候伸出友爱之手，踏实做好本职工作，始终不忘为民的初心和使命。

听好人故事

驾驭“蛟龙”的深潜英雄

23岁时，他怀揣梦想毅然加入中国载人深潜事业；他曾经全程参与“蛟龙”号载人潜水器多次海上试验，并连续3年驾驶潜水器达到海试最大深度、刷新最长水下时间，在世界载人深潜历史上留下了中国纪录；他还曾驾驶“蛟龙”号顺利回收至“向阳红09”科学考察船甲板，完成中国大洋38航次第二航段首潜、南海当年第一潜，同时创下“蛟龙”号总共134次下潜以来最长的历史纪录。他是唐嘉陵，“蛟龙”号载人潜水器主驾驶员、“蛟龙”号首批最年轻的潜航员。

2003年高考之后，唐嘉陵和很多人一样，抱着离开家自己闯的心态，在高考志愿单上郑重地填上了“哈尔滨工程大学”。然后从西南到东北，从川蜀到关东，他踏上了人生新的旅途。

他北上求学的第一站却并非是录取通知书封皮上标注的哈尔滨工程大学，而是秦皇岛——北戴河。当时已是八月底，海风吹过凉意袭人。那是唐嘉陵长这么大第一次看见海，因为天冷也没什么游人，看着宽阔浩瀚的大海，唐嘉陵没有想到今后竟然会和海洋结缘至此。

大学期间，唐嘉陵学习努力，遇到问题肯花力气钻研，同学遇到问题，他也总是乐于帮忙。

充实忙碌的大学生活转瞬就接近了尾声，和所有同学一样，唐嘉陵也开始准备考研、求职。此时，学校里一则深潜试航员的招录通知吸引了他，激起了他内心对大海的向往。

2006年的冬天，对于很多年轻人来说，可能只是人生中一个普通的冬天，而对于唐嘉陵来说，却意义非凡。他接到了国家海洋局北海分局的电话："愿不愿意到我们青岛来？"

得知自己通过层层选拔顺利成为首批深潜试航员，唐嘉陵激动地几乎说不出话来，时间都好像停顿了十几秒。

在培训基地，唐嘉陵和其他试航员一起接受培训。"蛟龙"号构造尖端复杂，要求驾驶员有极宽的知识面。因为是第一批试航员，为深潜安全考虑，一些专家对他们的能力还是有质疑，唐嘉陵决心尽快充实自己，把知识短板补上。初来乍到的唐嘉陵没有任何经验，在白天接受训练学习潜水器材料等相关知识，晚上就抓紧时间钻研技术人员推荐的书来自学。从船舶到液压再到机械组装，让原本电子信息专业的唐嘉陵下足了功夫。作为一名深潜驾驶员，不仅需要了解潜水器的相关知识，体能和心理素质也至关重要。

一开始的体能训练，唐嘉陵总是不达标。12分钟跑3000米让这个四川小伙子有些力不从心，他重新拾起大学时早起跑步锻炼的习惯，终于提高了身体素质，达到了测试要求。

在一次心理拓展训练上，需要从十米高的跳台上跳下并在半空中完成抓取，当时与唐嘉陵同为试航员的付文韬一次就成功完成了，而唐嘉陵试了两三次都失败了，心理上有点儿失落，觉得不能克服自己的不足挺丢人。这样的困难和障碍还有很多，唐嘉陵决定慢慢来，自己和自己较劲，总会成功的。

2009年7月，经过多方面的训练，逐渐掌握了潜水器操作的唐嘉陵完成了人生中的第一次海试。“蛟龙”号设备昂贵，构造精良，凝结了很多专家的心血。面对真刀真枪的设备，又担着这么大的责任和信任，唐嘉陵不免有很大的心理压力，他的操作很谨慎，都是在脑海中先过两遍，必须保证操作流程和动作准确无误。

随着一次次的自我完善和与“蛟龙”号的磨合，唐嘉陵逐渐成长。努力克服心理上对于黑暗幽闭的恐惧，时时想着提高注意力、判断力和反应能力。唐嘉陵是第一代深海潜航员，他们没有既定的榜样和标杆，所以就得让自己努力符合优秀潜航员的标准。唐嘉陵也开始享受深海下潜的这个过程，虽然有身体和心理上的疲劳要克服，但是深海未知的世界、奇特的生物和丰硕的科研成果让他觉得像探险，也很有成就感。

从最开始的几十米到后来的几千米，他从一个深潜的初学者成长为有胆有识的潜航员。70多次的下潜经历，7000多米的下潜深度，连续9年潜水器的驾驶经历。这一系列代表着成就的数字背后有着另外一串数字：11年深潜专业的学习和训练，一年中11个月在海上“放逐”，单次连续下潜作业长达12小时。正是这样一种对海洋事业和深潜工作的坚持和热爱，唐嘉陵在太平洋底刻下了属于中国的深度。

“每一次下潜都是从零开始”是“蛟龙”号海试团队确保每一次下潜安全返航的保障，这也是唐嘉陵坚持的原则。对于他来说，潜水器从不是工具，而是战友和兄弟。他拼命提高专业知识技能以尝试掌握潜水器每一个细微的现象或变化，尝试掌握这个战友、这个兄弟的最新状态或者情绪。“我和‘蛟龙’号是荣辱与共的战友，在任务中我们必须做到人机一体。”这是他坚定的信条。一次在3000米级海试的下潜任务后，潜水器已回收至甲板等待再下一次下潜。和往常一样，他没事就喜欢围绕潜水器看看，尝试与“蛟龙”交流。当他经过备用蓄电池箱下方时，一滴暖暖的油珠刚好落在了他的额头上。按照他对潜水器技术状态的理解和掌握，一滴温度异常的电容器油可能就是提前终止航次任务的安全隐患。唐嘉陵的细心让备用蓄电池箱异常放电、电缆短路的严重故障及时被发现，有效地避免了损伤的继续扩大。时任潜水器技术保障负责人、唐嘉陵导师胡震评价道：“正确的人在正确的时间出现在了正确的地点。”

在四年海试中，每当遭遇恶劣海况或需要潜水器长时间水面漂泊时，唐嘉陵都没有丝毫退缩，主动要求参加水面时间最长、最难受和

最颠簸的试验任务。他不但专业技术过硬，爱学习、能吃苦的精神更得到了全体海试队员的认可，这些都体现着他对深潜工作的那份热爱，那份责任心。

良好的身体素质、过硬的专业技术技能以及优秀的心理素质是他近年来刻苦训练、钻研学习的结果，是那份坚持成就了他。直到“蛟龙”号7000米级海试成功，学习训练是他每天的必备功课，早上6点到8点，是雷打不动的体能训练。和他的性格一样，6公里以上长跑耐力训练是他最喜欢的训练项目，然后就是一整天紧张有序的专业知识和技术技能培训，晚上还要自学船舶、机械、液压等新领域专业基础知识。日复一日，他养成了特别有规律的工作生活习惯，时至今日他依然坚持。

伴随着“蛟龙”号载人潜水器从海上试验逐步转向应用，“蛟龙”号在国家深海基地管理中心的管理下将尽快实现业务化运行。面对越来越多、越来越复杂的任务需求，对一名“蛟龙”号主驾驶、潜航员的要求也越来越高，唐嘉陵深知“逆水行舟，不进则退”。除保质保量完成深潜任务外，潜水器本体技术保障以及第二批潜航员培训都是他的重要工作内容。中国载人深潜事业刚刚起步，如何确保安全第一，做到让领导放心；掌握足够的知识技能，让同事放心；具备高超的驾驶作业技能，让一同下潜的队友放心，都时刻提醒和勉励着唐嘉陵。

“80后”的唐嘉陵已是“第十七届中国青年五四奖章”“第七届全国、全省道德模范荣誉称号”获得者，更被授予“载人深潜英雄”

的称号，然而他却觉得自己只是在一个特殊的岗位取得了一些成绩，是因为青春逢时才给了他这样的机会和舞台。对于他来说，继续把自己热爱的深潜工作做好，为把“蛟龙”号打造为国内国外科学研究的优质服务平台而尽自己的一份力，就是目前最大的梦想，就是他的中国梦。

听好人故事

通天高塔　筑梦航天

一声点火天地惊。2016年6月25日，长征七号运载火箭完美首秀，文昌航天发射场惊艳亮相。望着高耸巍峨的塔架，周湘虎的眼里既模糊又清晰。模糊，是因为他的左眼没有任何光感，右眼裸视仅为0.04。清晰，是因为他见证了发射场从蓝图变成现实，从龙楼小镇走向了世界。

大学毕业后，周湘虎加入了基层工程连队。2009年2月，当得知基地承担文昌发射场建设任务时，学习工程专业的他主动请缨，和战友们怀揣梦想来到海南，成为我国新一代航天发射场的首批建设者，成为航天事业上的小小“螺丝钉”，在这里一待就是7年。

海南对于游客来说，是度假的天堂。但在创业者眼里，这里到处都是荆棘椰林、泥潭沼泽、蚊虫毒蛇和台风暴雨。

创业之初极其艰辛。每逢阴雨，地面返潮，衣服发霉，6平方米的板棚犹如蒸笼一般，周湘虎和战友们共用一张桌子，白天办公，晚上凉席一铺就当床。勘察地形地貌、坐标边界时，周湘虎整日背着测量设备穿梭于灌木丛林，往返于沼泽水田，被蚊虫蚂蟥叮咬得满身起包，被烈日晒得全身脱皮，长距离徒步更让双脚长满了泡。

有一次，周湘虎走在最前面“开路”，经过一片湿地时，他以为是积水坑，踩进去才发现是淤泥，整个人开始下陷，瞬间就淹到了腰际。他赶快提醒后面的战友注意安全，战友们赶紧合力用棍子把他拉出来。虽有惊无险，但他的一双鞋却陷在了泥里，至今还埋在转运轨道下方。

当地人管他们创业官兵叫“农民工部队”和“包工头”，周湘虎觉得这些称呼很贴切，岗位就是工地，现场就是战场。苦点累点不怕啥，

晒黑磕伤也无所谓，把工程建好最重要。

就这样，他和战友们从挖下第一锹土、埋下第一根桩开始，白手起家，艰苦创业，仅用1个月时间就完成了场区10多公里边界围栏划定任务，埋下界桩近700根，踏勘土地1.6万多亩，为场区工程建设打通了水电路的“生命线”。

但周湘虎追梦的翅膀刚刚张开就折断了。

2011年夏秋之交，发射场工程建设进入抢工期、抢进度、抢质量的攻坚决战阶段。150多个重大项目接连开工，技术最复杂、质量要求最高的长征七号和长征五号发射塔架建设，更是紧锣密鼓推进。身为现场管理代表，周湘虎始终像钉子一样铆在工地上。

但由于长时间受强烈日光照射、电焊弧光刺激和过度劳累，本就高度近视的周湘虎不幸视网膜脱落，导致左眼永久失明，右眼裸眼视力0.04、矫正视力仅为0.25。

他面临着一次人生选择：是接受组织和领导为自己安排的其他工作，还是就此休养？

周湘虎舍不得离开工地，舍不得发射场，舍不得打下第一根桩的发射塔。经过短暂治疗恢复后，周湘虎向组织要求回到原岗位，他说：“选择了就要坚守，即使把另一只眼睛献给它，我也无怨无悔。”

回去以后，他所面对的比想象中难得多。由于眼睛还在恢复，又红又肿，就连吃饭时被热气一熏，泪水都止不住往下流，阳光一照，海风一吹，更是酸痛难忍。

但他更加勤奋和努力，他要证明给大家看，虽然视力降了，工作标准决不能降。

密密麻麻的数据，一个都不能看错。为确保不出错，他就随身揣着放大镜，眼睛贴在图纸上一行一行读、一点一点记，看几分钟眼睛疼了，就闭上眼在脑海中过一遍，记住了又接着往下看。就这样，他硬是把两个工位摞起来1米多高的图纸一张张刻进了脑子里，把自己逼成了“活图纸”。

塔架构造有数以万计的零部件，一个螺钉质量不过关，都可能为发射埋下隐患。两个发射工位数百个孔桩，最深的20多米，最浅的也有10多米，浇筑前，必须确保桩底无积水残渣、无淤泥碎石、无钢筋歪斜。每个桩在质检员和监理检查后，周湘虎还坚持穿着雨靴，咬着手电筒，扶着钢筋笼下到桩底亲自检查。孔桩直径仅1米多，里面黑暗潮湿、缺氧闷热，手脚很容易被剐伤碰破。

“我们都管他叫老虎。”某安装总队驻海南项目部负责人张松林说，“不仅是因为周湘虎名字里带‘虎’字，还因为他的那份坚强和勇敢打动了许多人。”

1米、10米、50米、80米、封顶……塔架在周湘虎和战友们的呵护下，拔地而起。“看着她一天天长高长壮，是我最开心的事。”周湘虎视塔架为另一个“女儿”，平静的语气里满是温情。

正是有这份感情，7年来，他亲手检测钢筋1.5万多吨、型钢1.1万多吨、混凝土9万多立方米、钢柱焊缝9000多米，无一纰漏；参与探索创新12种新型施工技术和工艺；负责监造的两个发射工位被评为全军质量安全检查优秀项目……

把发射场当成家，周湘虎却亏欠了另外一个家。父亲患尿毒症多年直至2015年初离世，周湘虎都没能抽出时间照顾；母亲的坐骨神经痛时常发作，他只能在电话里叮嘱安慰；与妻子结婚13个年头，至今两地分居，聚少离多……

如今，女儿都上初中了，父女俩在一起的时间加起来还不到一年。周湘虎第一次见女儿是她刚出生的时候，第二次见面时她已经会说话走路了，再后来她已经上了幼儿园……

2011年周湘虎手术后回家休养，那段时间是他陪女儿最长的日

子。回家那几天刚好是他的生日，吃蛋糕时，周湘虎让女儿和自己一起吹蜡烛。女儿却说："爸爸怕黑，我不吹。"说完，一下子扑进了周湘虎的怀里，眼泪顺着他的手臂往下流。

现在只要有机会，周湘虎就会尽力弥补家人，抽时间和女儿交流谈心，相聚时为家人做一桌拿手的湘菜。

虽然心中有愧疚，但周湘虎一想到自己监造的发射塔将把祖国的大火箭、载人空间站送上太空，中国航天将从这里开启向更远深空进发的征程，他觉得付出再多都值得。

发射场最常见的树木就是椰子树，它平凡普通，却全身是宝，四季挂果；它坚韧不屈，历经无数台风的侵袭而屹立不倒。像周湘虎一样的发射场的创业者们就是一棵棵椰子树，把"扎根海岛，筑梦航天"的信念之根深深地扎在脚下的这片热土，历经风雨，才结出了文昌发射场的累累硕果。

听好人故事

专注匠心　成就自我

20多年前，他只是一名普通的一线钳工，但他有着过硬的技术：手工划线钻孔能控制在0.05毫米以内，锉削平面可以控制在0.005毫米以内。20多年后，经过多年的磨砺，他已经成为一位“国家级技能大师”。他叫郑志明，五菱传奇的守护人。2018年12月，郑志明入选“中国好人榜”；2019年9月，荣获了全国道德模范提名奖。

精益求精，刻苦钻研，死磕技艺，郑志明从一名普通钳工到智能装备研发专家，把厂里的工种都学了个遍，不仅钳、车、洗、磨手艺高超，还自学三年，学会了三维建模，被大家称作“全能高手”。在二十多年的汽车技术制造工作中，他深深地扎根现场创新创造，经手的零件没有出过一次质量差错。2014年，以他的名字命名的“国家级技能大师工作室”挂牌成立，当时37岁的郑志明挑大梁，攻克解决了大型机器人工作站精度高、装配难的技术难点。

此后，他每年都会在技术上进行创新，曾先后获得国家发明型和实用型专利各一项，多项成果获广西先进工艺装备及先进设备改造评比一、二、三等奖，他本人也被评为国务院特殊津贴专家、全国技术能手、广西劳动模范。

网友们把圈粉无数的“五菱神车”称为：“上得了高速走得了烂路，扛得起重物拉得走动物。”而能够支撑五菱汽车在极端条件行驶，它身上的零部件必须“打造”，除了发动机外的其他核心零部件，都是由郑志明及其团队研发创造的设备造出来的。比如后桥的质量，影响着车辆的行驶安全，加工工艺要求非常严格，为了赶进度，郑志明团队整整熬了3个多月，期间反复调试设备，有时候需要手工锉削一个平面精度控制在0.002毫米以内的零部件，这个精度相当于一根头发丝的四十分之一。

“人民需要什么，五菱就造什么！”在抗击新型冠状病毒肺炎疫情期间，这个口号火遍全网，而这句承诺的背后离不开郑志明及其团队伙伴没日没夜的拼搏。凭着强烈的使命感和社会责任心，春节期间，郑志明主动为公司做好复工复产准备的同时，又接到上汽通用五菱求援：口罩生产线缺出料组件，无法正常运转。他二话不说，立马安排10多名员工紧急生产出料组件。因疫情原因，刚开始生产就遇到材料供应商不上班，一时采购不到铝合金材料，郑志明一家家打电话，通过各种渠道才找到柳州本地一家供应商，但供应商暂时不想卖，他就亲自登门，恳请供应商支援抗疫，他以自己的真诚打动了供应商，解决了铝合金材料问题。

在加工过程中还遇到没有刀具加工的问题，时间不等人，他提出立即改制刀具和自制刀具等方法来解决问题。每天一大早，他就早早来到车间，车、铣、钳、焊工什么活都干，加班加点，一直干到晚上10点多。一天十几个小时干下来，有时累得直不起腰，他就使劲捶几下腰又接着干。他带领团队没日没夜地奋战，一共完成了14套共7条口罩生产线的出料组件，上汽通用五菱才得以早日生产更多的口罩，及时投放市场，在上汽通用五菱这样强大的创新能力和制造能力的“五菱速度”面前，他成了幕后最美“逆行者”，为广西抗击疫情做出了自己的贡献。

为响应国家的动员和号召，动员一切力量生产防疫物资，满足经济社会全面复工复产口罩需求，广西汽车集团决定自制口罩。郑志明及其团队成员一边从头开始跟着视频学习，向有经验的客户取经，一边抢时间、抢进度、抢资源，充分发挥自主加工优势，完成180多个关键模块零件加工，实现人停机不停24小时轮番作业，设计出了400多张图纸，利用1300多件零件组装出第一台口罩机，口罩生产线自主加工率超过60%。2020年3月8日零件全部到位后，仅用1天时间就完成整线组装，立即进入机械、电气穿插调试。3月12日，自主设计制造的首条全自动口罩线完成调试，首批一次性防护口罩试制下线，为广西防疫及汽车工业全面复工复产工作做出贡献。

秉承工匠精神，反复磨炼，郑志明不断提升各种技能，在岗位上默默奉献，为国家默默奉献，实现着自己的人生价值，演绎了新时代“艰苦奋斗、自强不息”的工匠风采。

听好人故事

“电焊花木兰”的精彩人生

易冉从未想过自己将来会成为一名电焊工。15岁上技校，因为家里人说学电焊好找工作，便听家里人的话报了电焊这个专业。在技校学习了3年，由于实操的机会不多，易冉觉得，电焊这份工作还算轻松。

2000年，18岁的易冉被分到了430厂，也就是如今的中车长江株洲分公司。刚到车间，那里噪音很大，非常热，环境很是艰苦。不仅如此，她还被分到一个典型的苦脏累班组——欧清莲班组。

大夏天的虽然有风扇，可焊接的时候不能对着人吹，怕影响工艺，衣服被汗浸湿了，就站在风扇前面吹，干了又继续工作。尽管穿着长衣长袖，但被高温、强光炙烤，易冉脸上、脖子上的皮肤开始发黄，甚至脱皮。他们这个班组焊1台车需要连续蹲一个半小时，每次间歇时间不到10分钟，每天要焊5台车。下了夜班，妈妈来接易冉下班，由于脸上灰太多都没认出她。

去了不到一个月，易冉有些吃不消了，打起了退堂鼓。然而，就在那时，她的职业生涯有了可贵的机遇。

430厂要组队参加株洲市电焊工大赛。组委会规定，参赛队员中必须有1名年轻队员。于是，易冉很幸运被选中。接下来的一周，她和另外两名队员到培训基地进行强化训练。

刚去的时候，易冉的电焊训练试件是最差的。不过，靠着努力和悟性，到第四天，她的试件就一跃达到最好的水准，并稳定保持到三天后的大赛。结果，她取得了气体保护焊第三名的好成绩，技惊四座。

因为大赛上的优异表现，易冉后来又被选派到电焊骨干集训队，师从湖南省技能大师杨卫东。

在集训队的一年时间里，易冉平时要上班，只能利用业余时间参加集训队培训，她通常是下了晚班后一大早就赶到培训基地上课、练习。通过苦练气体保护焊、手把焊硬功，易冉的焊接技能有了飞跃的进步。

在当年全厂技术运动会上，她以理论实作均超93分的厂级比赛史上最优异成绩一举夺冠，被授予“电焊铜星”。

随后她一鼓作气，连续两届“披金挂银”，实现了别人需要努力

10年以上的金银铜星“三级跳”，成为430厂设立该奖项20年来用时最短“跑完全程”的选手。

然而，“年少成名”也为易冉带来了不少烦恼。2003年的时候，厂里有一个返工车，因为易冉在比赛中多次获奖，返工车就交到了她的手里，要把它从废品变成一个合格产品，焊接的难度非常大，易冉尽了自己最大的努力，却没有做好。这次打击让易冉意识到，自己的水平还远远不够，还需要提升。另外，“‘明星’员工都处理不好返工车”等一些闲言碎语传到了易冉耳中，这更加激励她要努力学习。

于是，易冉一方面不断补充理论知识，一方面积极向集训队的前辈们取经。一次次失败，一次次积累经验，终于，易冉的成功率越来

越高。后来，只要有返工车，领导就会让她来处理。就这样，易冉得到的锻炼机会越多，技能水平就提升越快。

2005年后，厂里出口订单猛增，易冉调入组装车间新产品试制班，被领导亲自“点将”，参与了几乎所有国际国内新产品车辆的试制。她不仅掌握了国际通用的焊接标准，而且成为备受赞誉的“国际焊工”，先后摸索出一系列具有国际先进水平的焊接技巧……

“艺高人胆大。”这句话形容易冉再合适不过了。在同事的眼里，没有易冉解决不了的难题。

2007年6月，厂里开始试制当时世界上最大轴重的澳大利亚FMG敞车。客户要求所有焊缝咬边为零，大焊角、坡口不能有弧坑，这样的精度相当于机械手。就在同事望而却步时，易冉站了出来。她经过一个星期的日夜琢磨，反复优化焊接方法，终于达到了澳方严苛的标准，外方监造竖起了大拇指，并将她所焊的焊缝标记出来，当作“示范焊缝”展示。她为中国铁路货车产品在海外树立了品质标杆，赢得了口碑。

2011年10月，易冉被国家选派与另外三位男同志一起赴德国，参加在德国吕内堡举行的国际焊接比赛。在德国，没有女人从事电焊职业，赛场上出现一个柔弱的中国女孩，已经让德国同行感到惊奇，而易冉的出色表现，让比赛组委会专门为她颁发了唯一的“特别奖”。她参赛的立焊、平焊板作品获德国DVS证书并被公开展示。德国当地媒体还以《中国的“电焊花木兰”》为题对她进行了专题报道。

此后，这个株洲女孩有了一个响亮的外号——“电焊花木兰”。

易冉深知，自己能有今天的成就，离不开师傅欧清莲的谆谆教诲。当她遇到焊接难题时，欧清莲会手把手指导她如何摆动手，防止焊处鼓包；当她想打退堂鼓的时候，欧清莲会鼓励她：“老师傅都没有你焊接得好。”

从师父那里，易冉学到的不仅仅是手艺、技术，还有对“心枪合一”工匠精神的追求和坚守。匠才营企，匠心育人。企业发展不独一人之功，需要培养尽可能多的“匠才”。易冉常说：“一人强不算强，大家强才是真的强。”为此，她在注重自身技能提升的同时，还不遗余力地帮助身边的同事提高技能。

“记得有一年我考高级技师，一个比我大10多岁的徒弟考初级技能。为了备考，我们经常一起通宵练习实操，坚持了一个月时间，最后都顺利通过了考试，很有成就感。”易冉说她并不担心“教会徒弟，饿死师傅”，工作10多年，每到一个班组，她都毫不保留地将操作技能、心得传授给同事。

徒弟朱丽群说她最感激的就是易冉愿意将技术倾囊相授：“她用简明易懂的语言将技术毫无保留地传授给我们，让我们少走了很多弯路。下了班，她还在班组帮我们练习焊接技术。”

在中车长江株洲分公司，女子电焊技师攻关队可以说是家喻户晓。如今，易冉作为攻关队队长，继续秉承“互传技艺、共同提高”的优良传统，经常利用业余时间组织队员交流理论学习心得，分享各自的电焊操作手法。攻关队的队员们分布在车厢制造12道焊接工序的苦、脏、累班组，这支集各项荣誉于一身的队伍，先后破解了大小20多道焊接难题。

易冉就是这样一个人，她把一个女孩子最美丽的19年时光献给了钟情的电焊事业。她用焊枪作画，画出了自己灿烂的人生轨迹。她总觉得自己是个幸运儿，在成长的路上得到了许多人的帮助。怀着一颗感恩之心，她将自己的技能分享、传承给更多的人。

听好人故事

舍小为大护城容

程肇伟刚加入城管队伍时，没想到会干这么久，更没想到最后会爱上这份工作。如今，看到道路整洁，商户文明经营，就是他的幸福来源。

程肇伟是重庆市沙坪坝区城市管理综合行政执法支队二大队队长，其辖区有“三多”：网红景点多、商业网点多、流动人口多。十多个路段总长23公里，开车巡逻也要一个多小时。

坐在车上巡逻，并不是程肇伟的首选，除了紧急情况，他更喜欢走着巡逻。虽然巡逻车减轻了工作负担，但发现不了问题，工作就很难保质完成。良好的市容市貌往往体现在一个个小细节，而这些细节在车上是看不见的。

23公里的巡视路段，程肇伟要走上七八个小时。18年中，他一共步行了14.6万公里，相当于绕赤道3圈。由于走的路太多，程肇伟几乎每月就要走坏一双皮鞋。

要想工作保质完成，光是成为城管队伍中的“竞走运动员”是不够的。步行巡逻中，程肇伟总是走走停停，一边用目光在道路和店铺中“扫描”，一边笑眯眯地和商铺老板打着招呼。

和管理服务对象做朋友，摆好“龙门阵”，是他工作的“秘诀”，也是他将“办公室”放到街道上的原因。多年“混”出来的脸熟让程肇伟工作起来得心应手，他在不经意中纠正着商铺的违规行为，有时又为商铺“门前三包”的改善而“点赞”——城管工作被不少人视为矛盾最尖锐的前沿，但他拉着家常就把违规问题解决了。

2017年，烈士墓转盘附近常聚集着一群“黑三轮”停在人行道

和马路上招客，不仅堵塞了交通，还阻碍了行人通行。

每当程肇伟和同事们前去纠违时，“三轮车”总能利用自己灵活、机动的优势打“游击”。这是那段时间让他最烦心的事情之一。

有一次，程肇伟他们刚刚一走近，这些“三轮车”就一哄而散。五分钟后就有群众打来投诉电话，说就在几百米远的地方，这伙“三轮车”把人行道路给堵了。

于是，程肇伟和同事把整治三轮车作为了专项任务。终于有一天，程肇伟碰上了这群三轮车车主的“头头”——脸上带着长长刀疤的周某。

见程肇伟和同事按规定对三轮车进行强行暂扣，周某直接往地上一躺，扯开嗓门带着哭腔大喊“城管打人了”，引来不少群众围观。

程肇伟和同事在执法仪的全程记录下有理有节陈述自己的观点，并把周某带回执法大队办公室。他为周某泡上一杯茶，和周某摆起了“龙门阵”。

经过一番摆谈，程肇伟发现周某家庭负担重，妻子在老家服侍卧床不起的老母亲，家里还有两个正在读中学的孩子，而周某自身无一技之长，只好在烈士墓附近跑三轮养活一大家人。对城市来说，周某影响了市容市貌，但对周某来说，城管的执法就是要“打倒”全家人的“饭碗”。

几天后，周某接到程肇伟打来的电话，告诉他已在陈家湾“规范摊区”为他争取到一个摊位，可以在规定时间内去摆摊，不收费，也不用担心被追撵。

如今，周某已在“规范摊区”摆摊一年，早上8点前卖早点，傍晚5点后卖水果，收入比原来开三轮时高了50%，并成了城管志愿者。

“没想到程哥是这样的城管！”周某说，“我们一家人都感谢他。”

城市管理是维护大家的环境，是要城市的“面子”；但对一些群体来说，摆摊设点直接关系到一家人的“肚子”，这中间的矛盾需要想办法调和。程肇伟每次看到一些重点人群转变观念，遵守法规，收入也不错，心里也很有成就感。

每个月，程肇伟都会带队在辖区举办“执法体验日”活动，邀请当地的商铺老板、社区居民参加体验。每次活动期间，面对违规行为，参与体验的群众表现得比执法队员更积极。

“当城管挺累的，我脚都走痛了！”

“城管是为了大家的生活环境更好，我们要多理解和体谅！”

体验到城管工作不易后，这些老板和居民又成为城管工作的“铁粉”，在日常生活中主动宣传保持城市清洁的重要性。

参加过体验活动的商铺老板李华笑道：“自己的商铺虽然少占了些占道经营的‘便宜’，但市容环境卫生变好了，形成口碑效应吸引了更多游客前来，生意也能更红火、长久。”

为了激发大家的积极性，让辖区内的市容环境卫生变得越来越好，程肇伟和同事们还想出了许多“金点子”。

支队建立起“门前三包”商户联络微信群，以路段为单位建群，一旦收到有人反映问题，就立即派人着手整改，实现“小问题不过夜，大问题有回音”；从“门前三包”开始实施起，由大队对每家商户的执行情况进行评分，每周在街道显眼的“红黑榜”公示栏中公示，做得好的列入“红榜”，并按执行情况为商户评分，对于进入“黑榜”的商户则将联合其他相关部门进行执法。

“以前总觉得做城管工作心酸、辛苦，但现在看到越来越多的人理解城管、支持城管，我对这份工作更加无怨无悔。”程肇伟说。

坚守城管美丽形象的这些年中，程肇伟觉得最对不起的是家人。

每逢节假日，为了让游客们见到景区最美的一面，程肇伟和队员们都会从早上七点半上岗，一直坚守到晚上十二点，甚至凌晨才能回家。

城管是没有节假日和朝九晚五的，守护市容市貌就是程肇伟的职责。别人休息的时候，就是他和队员们一起奋战、纠违的时候；当别人上班的时候，则是他们巡逻和发现问题、保持市容市貌的时候。

18年来，程肇伟每个月休息时间只有2—3天；10天的婚假，他只休了6天就匆匆赶回去上班；每年春节，在除夕傍晚安排好所有事情后，他和家人开车回江津老家与父母吃顿年夜饭，初一早上六七点又赶回来，到磁器口、白公馆、渣滓洞等热点路段巡逻。

尽管如此“不顾家”，但家人还是很理解程肇伟。2018年，程肇伟年过七旬的父亲连续三次住院，都是出院时才告诉他，就怕他分心。“我们家只是一个小家庭，但他心里就装的是千千万万个家，我们能理解。”程肇伟的父亲说。

听好人故事

永不停歇的“钻头”

自幼丧父的朱恒银，家庭生活十分窘困，从小学到高中全由国家资助完成。1976年的一天，朱恒银随着一辆解放牌卡车被313地质队运送到安徽省霍邱周集铁矿区。

130公里的路途，卡车开了6个多小时。下车后，看到的是一片荒芜，只有钻塔在田野间孤独地耸立着。

“这真的就是我们以后工作的地方吗？”内心的失望写满了小伙子们的脸庞，朱恒银的心也凉了一截。

从那天起，朱恒银穿上了蓝色地质服，正式成为一名钻探工人。也是从那天起，每天一身泥浆一身油，风餐露宿、三班作业。工作强度大、工作环境差、安全风险大成了常态。他们的住房是干打垒，有时住群众家的牛、羊棚，晚上照明是煤油灯，一个班6人只配一台收音机，生活单调。

在这样的工作环境下，很多人第三天就收拾行李走了。当时，朱恒银也打起了退堂鼓。

但是，地质队领导的一席话改变了朱恒银的想法："你们别看现在这里一片荒凉，可是地下埋藏着大量的宝藏，要靠你们把它勘探出来。在不远的将来，这里就是一座城市。很多老职工一辈子都无怨无悔地无私奉献在地质事业上，从事地质找矿是我们的无上光荣。"朱恒银听后很受感动，决定留下来。

在学徒期间，朱恒银先从搬钻杆、打泥浆的小工做起。由于文化程度低，学习操作规程和钻探工艺比其他人更困难，但朱恒银从不认输，也从来没有过一句抱怨。

随着对钻探工作了解的深入，技术设备用起来时常不称手，得到队里老师傅们的支持后，朱恒银开始进行技术改革。每当别人都在打牌玩耍的时候，他总是默默地在煤油灯下钻研。

很快，朱恒银研究成功"水力喷射泥浆搅拌器"，搅拌泥浆速度又快，质量又好，大大减轻了钻机工人的劳动强度。

研究的成功更加激发了朱恒银创新的热情。随后，朱恒银又完成了8项"五小"成果，均在第一线生产上得到了推广应用，并分别荣获了国家、省、厅局级"五小"成果奖。正是那些创新活动，使朱恒银对钻探行业有了更大的兴趣，也更加坚定了他的决心：这就是我的工作，这就是我人生的方向。

1978年深秋的一个晚上，地质队在霍邱周集朱巷村勘探，突然钻机孔内钻头被孔壁掉的岩块卡住，钻机无法回转，需要强力提拨。于是，班长去操纵钻机提拨。但是由于提拨力量过大，把钻机底座固定螺栓拉断，蹩熄了柴油机，钻机被拉翻，班长顿时被钻机脚踏刹板弹了出去，抛到钻塔拐角。

在漆黑无光的机台里，朱恒银点亮小马灯，同另外两个学徒一起去寻找班长，当他们找到班长时，发现班长头部流血不止，人已处于半昏迷状态。

荒郊野外，连一条公路都没有，朱恒银和另一名学徒工只有轮流背着班长走出约3公里田埂路，送至能通车的土公路边后，找机长派车抢救。当朱恒银把班长从背上放下时，发现工作服上衣已被班长的鲜血和自己的汗水浸透了。

朱恒银难过极了，在心里对自己说："我一定要努力学习和工作，改变现在钻探技术落后的现状。"于是，在当了两年工人后，朱恒银重拾书本，考入了安徽省地质职工大学学习探矿工程专业，系统地学习了钻探方面的专业知识。

1982年，朱恒银大学毕业。其实，他当时可以选择更好的单位，但却毫不犹豫地回到313地质队工作，并主动要求到野外第一线钻探机台。从此，朱恒银从一名勘探工人变成一名钻探技术员，走上了钻探施工技术创新之路。

回归之后，朱恒银在钻探一线乐此不疲地完成了多个科研项目，每一次创新、发明的完成，都让他兴奋不已。看到自己的成果被应用到了工作中，提高了工人们的钻探效率，又鼓舞着他向更高的目标进军。

就这样，安徽霍邱、庐枞铁矿，铜陵冬瓜山、安庆月山、滁州琅琊山铜矿，大别山钼、金、铅锌等大型和特大型矿区的地质勘探工作无不出现他的身影。对钻探事业的忠诚与热爱已经融入了朱恒银的血液里，他从一名钻探小工逐渐成长为全国知名的钻探专家。

20世纪90年代，由于行业调整，地勘单位进入了发展的低谷。计划经济的地勘任务逐年减少，地勘单位面临生存危机。人均200元的工资，有时还发不出来，加上野外工作环境恶劣，很多职工选择了转行或跳槽，坚持下来的人寥寥无几。

当时，广东及上海一些地勘和研究单位纷纷向朱恒银发出邀请，提出月薪上万元，还可全家调去，分配住房。面对如此优厚的待遇，朱恒银也曾动摇过："可要是我走了，我手下的30多人怎么办？地质队怎么办？"

地质钻探的出路在哪里，如何扭转困境？在思考和实践中，朱恒银找到了答案，那就是咬定钻探专业技术不动摇，利用钻探技术优势，不断拓展并占领钻探新的市场领域。想到这里，朱恒银决心留在单位，立志带领313走出困境。

朱恒银率先成立一支专业技术强、工作作风硬的"特钻工程处"，凭借着国内领先的定向钻探技术优势和良好信誉，在激烈的市场竞争中创下了辉煌业绩，打造出了自己的特色品牌。

在那期间，朱恒银带领着团队一边抓施工一边搞科研，先后承担了上海市三维城市地质调查，主持承担了上海浦东国际机场、磁悬浮铁路等国家重点工程基岩标的施工。

2003年7月2日，上海外滩董家渡地铁四号线地面塌陷现场，两座8层大楼发生沉降和倾斜，近在咫尺的黄浦江防波堤和20层高的税务大厦面临威胁。糟糕的是，外请的一支施工队伍抢险失利。当时，朱恒银接到了求援电话。

险情就是命令。朱恒银带领技术人员火速参加抢险，冒高温战酷暑。他们采用先进技术手段和施工工艺，与上海市地质调查研究院密切合作，经过十个昼夜紧张施工，出色地完成了抢险任务。因此，朱恒银率领的这支特钻处队伍被上海媒体称为“安徽地质神兵”。

2008年，意识到“攻深找盲、摸底探边”是当时地质找矿工作的重点，朱恒银充分发挥自身的钻探技术优势，积极申报《深部矿体勘探钻探技术方法研究》项目，科研经费达1200万元。

作为该项目的首席专家和主持人，朱恒银深感责任重大。办公室里除手提途行箱外，还摆放着工作服、安全帽、深筒胶鞋等装备，这些物品都是为了出行方便，一旦野外遇到技术难题，他就得第一时间赶到。

苦心人，天不负。该项目最终成功研发了机械化、自动化程度高、安全性强的岩心钻探装备，研发了高强度绳索取心钻杆及系列取心机具，建立了完整的深部地质岩心钻探工艺方法，填补了我国

3000米深部地质岩心钻探“无一套完整科学高效的技术体系”的空白。创新成果分别获得2010年、2012年、2015年全国探矿工程“十大新闻”。

该项目成果曾应用于汶川、赣州、霍邱、宣城等全国50余个大型及特大型矿区深部地质找矿、国家科学钻探、海洋地质钻探，多次刷新全国地质找矿钻探孔深纪录，项目成果总体达到国际先进、国内领先水平。

唯进步，不止步。如今，年过花甲的朱恒银，仍然承担着多项重点科技攻关项目，进一步为积极寻找隐伏矿，开辟第二找矿空间、新能源勘探等方面发挥作用。

“一个人的精力是有限的，如何让更多的人参与到创新当中，形成共振效应才是关键。”朱恒银常常感叹。

近年来，朱恒银亲手培养了钻探工程教授级高级工程师3人、高级工程师5人、工程师10余人，还有研究生多人和钻探机班长20余人。朱恒银领衔的深部钻探创新团队的行业技术水平和操作技能，均处于全国领先地位。

朱恒银怀着一颗感恩的心，为我国地质勘探领域做出了巨大贡献，为国家创造的价值以上千亿计。地质领域最高奖——李四光地质科学奖、大国工匠年度人物、全国劳动模范、全国优秀科技工作者、全国地勘行业“十佳最美地质队员”、安徽省科学技术创新奖、安徽省“五一劳动奖章”……

“虽然取得了这么多荣誉，但是愧对家人太多。年轻时，妻子在巢湖带孩子，我在大山坚守；现在，孙子在合肥，虽距离不远，但还是没有时间抱抱他，我相信家人会理解的……”朱恒银说。

听好人故事

辛勤的老师　无私的妈妈

2011年，机缘巧合之下，何丽莉成为湖北省襄阳市草草义工协会的一员，并参加了襄阳市儿童福利院的帮扶项目，从此开启了她的义工生涯。

在儿童福利院，她遇到了端端（化名）。因为患有脑瘫，当时已满4岁的端端智力只相当于2岁的孩子。何丽莉决定帮扶端端，在她的精心呵护下，2年后，端端终于可以从人群中辨认出何丽莉了。

2018年夏天，何丽莉又去看望端端。当时，端端正蹲在后院的菜地里看西红柿。何丽莉指着西红柿教端端念“西红柿”。一遍两遍下来，端端不明白“西红柿”是什么意思。八遍十遍后，端端试着张了张嘴巴。在何丽莉几百遍的发音教学下，端端终于张嘴说出了“西红柿”这三个字。那天走的时候，何丽莉一直在想，福利院的孩子不缺吃穿，自己到底能给他们带来什么呢？除了拥抱，孩子们还需要更多的关爱。

如今，何丽莉在负责市儿童福利院孤残儿童“周末爸妈”项目。义工们周末到福利院给保育阿姨当助手，给孩子们洗澡、带孩子们踏青、抱孩子们到室外晒太阳……每次看到何丽莉过来了，福利院的孩子们就上前围在她身边喊“妈妈”，抱着她不松手。

周末不在家，寒暑假也全部奉献了出去，何丽莉在家的时间越来越少。

儿子不满地对她说：“你是他们的妈妈，不要管我了，他们比我重要！”

看到儿子吃醋，何丽莉意识到，作为妈妈，自己陪他的时间确实太少了。从那天开始，何丽莉每次做完义工回家，就跟儿子分享活动照片，有时候还带着儿子一起参加义工活动。慢慢地，儿子也支持起她的工作。

2018年夏天，何丽莉带留守儿童参加夏令营活动时，儿子还和志愿者们一起提水、做饭，晚上为比自己年纪小的孩子守夜。

几年前，在襄阳市高新区马营小学，何丽莉第一次见到康康（化名）。何丽莉讲课的时候，康康一直在敲桌子，敲得“砰砰”响，何丽莉想：这个孩子想引起我的关注。

当何丽莉把康康拉到身边的时候，她震惊了，康康的头发特别长，穿着一件看不出颜色的旧棉袄，还是女士的，手上裂着口子，指甲黑乎乎的，皮肤很皱，脖子上一撮全是泥。她想跟康康说话，但康康不理她。

第二次去的时候，何丽莉设计了一个游戏“我想对你说”。当何丽莉当众点名要康康给她写要说的话时，康康的同学们却开始起哄：“老师，他妈妈不要他了！”“老师，他妈妈跟别人跑了。”

何丽莉到康康家调查后得知，康康的妈妈生下康康后就外出打工了，且没有跟康康的爸爸领取结婚证，康康的爸爸也在外务工，很少回家，康康由奶奶和爷爷照顾。

此后，何丽莉经常去康康家，给康康洗澡、洗头，教康康刷牙，并带去一些衣服和生活用品。一开始，康康的爷爷和奶奶对何丽莉非常警惕，然而，一年之后，两位老人非常信任何丽莉。

有一年六一儿童节，何丽莉把马营小学类似康康这样的留守孩子接出来，带他们去城区玩，看儿童剧演出、参加联欢活动、吃免费午餐……那天，孩子们特别开心。

这些年，关注留守儿童的项目“携守情”与“爱之翼”在何丽莉和义工们的努力下顺利开展。他们先后到南漳、保康多所偏远山区学校，给孩子们上日常行为规范课和心理健康课，告诉他们怎么刷牙洗脸，告诉他们要爱自己、爱家人、爱社会，还带着孩子们做手工、包饺子、参观襄阳古城墙……

何丽莉努力利用身边的资源去开展工作，每次都会拿着详细的项目书去拜访企业或爱心人士，希望他们提供一些帮助。确定需要帮扶的群体后，他们会先实地调查，再根据帮扶对象的实际情况确定他们需要什么帮助，并撰写详细的项目书。何丽莉说：“义工们没有拿过一分钱的报酬，还经常贴钱给孩子们，就是想为孩子们做点事，看到他们快乐，我们就快乐。”

有一年夏天，湖北省多地遭遇洪涝灾害。何丽莉主动向襄阳市草草义工协会申请去灾区一线。她和同伴们一起发动热心市民团体捐赠食品、饮用水和书籍，发动义工征集车辆。她和其他6名志愿者连续往返运送物资多次，将救灾物资送往湖北鄂州、麻城、应城、柴湖等地。

十几天里，何丽莉不眠不休，与当地相关部门对接，了解实际需求，协调后续物资筹备工作，直到灾民们陆续重返家园，她才拖着疲惫的身躯返回襄阳。

回襄后，她因辛苦奔波、饥一餐饱一餐导致糜烂性胃炎，住进了医院。

在何丽莉的心中，做公益不仅仅是送点钱、捐点物资，更是一项长期性的社会活动。

襄阳市草草义工协会现有流动性义工2000多人，常年活跃义工300人左右，这些人当中有普通工人、军人、老师、医生……

这些年来，何丽莉先后策划参与了山区助教、无偿献血、关爱抗战老兵等200余次志愿服务活动，经她组织策划实施的“品味襄阳”古城文化宣传推广项目、“益成长”城市流动儿童关爱项目、“爱之

翼”山区助教活动、“周末爸妈”孤残儿童关爱活动等荣获中国青年志愿服务项目大赛奖。“品味襄阳”项目还获得全国青年志愿服务示范项目创建提名奖。

谈到未来，何丽莉满怀干劲与希望：“我希望带领更多的民间公益组织一起奋斗，大家拧成一股绳，把公益事业传承下去。”

听好人故事

“小巷书记”心系民情暖人心

1989年，19岁的赵玉莲走进安徽宣城宣州区宝城社区。时序更替，华章日新。多年来，赵玉莲从社区的街头巷陌里匆匆走过，用奋斗洒下了温情动人的情怀。

2019年是赵玉莲在宝城社区工作的第30个年头。时光无痕，却在她从不离身的记事本上留下了点点印记，那是她的故事，更是宝城社区这些年的事儿。

三十多年，一万多天，几万条记录，不但见证了宝城社区的发展变迁，更淬炼出一名优秀党员的高尚品质。

“社区居民的事，就是我的事。”这是赵玉莲《民情日记簿》里的一句话，更是她工作状态的真实写照。

23岁的吴晏说，赵玉莲是“赵妈妈”。她自小患有小儿麻痹症，走路十分困难，但她一直有一个梦想，就是能像正常人一样工作。于是，赵玉莲和她约定：“你要能在三个月内自己走到我办公室来报名，社区就同意你当残疾人助理。”这个约定给了吴晏巨大的动力，她从头开始，一步步练习独自行走。那一段时间，赵玉莲每天无论有多忙多累，都会抽时间和她通个话，鼓励、再鼓励。

57天的艰苦训练后，吴晏终于能独自行走了，她一个人走了近1.5公里的路程，走到了赵玉莲的办公室。吴晏说，她记得，那一刻，“赵妈妈”激动地哭了。现在，她干起残疾人助理这项工作得心应手，大家都夸她能干。2018年8月，吴晏参加了市第二届残疾人职业技能竞赛选拔赛，获得电子商务比赛项目第一名，她第一时间将喜讯告诉了“赵妈妈”。

宝城社区里，60岁以上的老龄人口占总人口15%。“敬老爱老从我做起，从身边事做起，从小事做起。”赵玉莲这样说了，更这样做了。

赵玉莲组织成立了老龄协会，同时建立了敬老、爱老、助老志愿者服务队。不仅如此，她还亲自制定敬老、爱老、助老活动计划和制度，办起了多个活动场所。

针对社区中残障老人、特困老人，她更是要求班子成员进行“1+1”结对，确保社区老人关爱工作全覆盖。

姚勳荣是社区“三无”老人，由于聋哑，他在生活里“举步维艰”。得知情况后，赵玉莲主动将老人列为自己的结对帮困对象。

从那以后，照顾姚勳荣成了挂在她心头的一件大事。她经常牺牲双休日帮老人去银行取钱，陪老人去市场购物。老人生灾害病，她也总是悉心照顾，不厌其烦。老人逢人就说，小赵同志对他的照顾就像是自己的女儿一样。

92岁老人陈庆霞膝下无儿无女，一直独居在一间破旧简陋的房屋里，赵玉莲看在眼里、疼在心里。为此，她通过数次上门谈心做老人工作，好不容易将老人劝进了敬老院。老人入住不到三个月，因性格倔强不愿住敬老院，执意要出去租房独居。无奈之下，赵玉莲只好为老人找到一间进出较为方便的平房，房租费、水电费都是她通过协调捐助支付的。为了让老人的生活没有寂寞，她还与两名志愿者一同自掏腰包，为老人购买了一台彩电。

许多街坊邻居们羡慕地说："陈奶奶，您老没有子女，但也很享福啊！"可老人却抢了话："谁说我没有子女呀，赵书记就是我的女儿！"

多年来坚持尽心尽力照顾老人，在赵玉莲自己看来这些不值得一提，但社区居民却看在眼里，感动在心。

在宝城社区，赵玉莲还有一个众人皆知的"身份"——人民调解员。这个"身份"琐事缠身，一般人根本不敢应下，但赵玉莲却乐在其中，一干就是数十年。

在日常调解中，她积极推行爱心调解、爱心帮教、真心帮扶、热心排难，以"人间情、仁爱心、婆婆嘴、公平理、国家法"的调解方式，使得一些家庭纠纷矛盾更及时化解，让一些群体性事件得以平息。

人民调解员，心中首先要燃起一盏明亮的灯。赵玉莲买来大量法律法规书籍，通读多本涉及社区常见法律纠纷文章，想方设法挤出时间"充电"富脑。

宝城社区是老城区，棚户区改造工程任务重，涉及上百户房屋拆迁，这期间，各类家庭财产分割矛盾尤为突出。

赵玉莲在深入调查的基础上，以法破题，以情调解，每年化解民间纠纷几百件，调解成功率几乎是百分之百。

在赵玉莲的真情感化下，社区棚户区改造顺利完成，并增加了350平方米的为民服务场所。

化解矛盾，群众利益无小事，但要把每个人、每个家、每个小区的矛盾化解好，却是件不容易的事。

2014年年底，市区法制路小区因年久失修，化粪池堵死，整个小区大院大粪污水漫泄，臭气熏天。小区三十户居民近百人生活受到影响，一时间，怨声、骂声、呼吁声连成一片，眼看一场群体上访事件即将形成。

闻讯后，赵玉莲立即向有关部门反映，但得到的回答是："年关到了，工人放假，没有人能及时处理。"

赵玉莲当机立断，带领社区五个女同志连夜干。那段时间，她扛来水泵抽粪水，站在粪池中清理，通过一天两夜的奋战，终于使排污管道疏通，并在腊月二十九那天完成清除小区粪渣，让社区居民过上了一个清洁的新年。

春节刚过，赵玉莲又紧急联系有关部门，对被堵地下水道重新改造处理，彻底排除了隐患，此举得到了居民的一致称赞。

在宝城社区，有这样一支队伍特别"出名"，它是"五彩红"志愿服务队。

早在2016年2月，宝城社区就荣获全国"最美志愿服务社区"称号。位于市中心城区的宝城社区，包含14个居民小区。随着时间的推移，社区居民对志愿服务的要求越来越高。

"城市是个大家庭，人与人之间只有充满浓浓的关爱，社区才会更加和睦、团结、温馨。"基于这样的认识，在赵玉莲的组织下，宝城社区积极探索“社区+社会”志愿服务模式，于2013年建立了“五彩红”志愿服务队。

所谓“五彩红”，即以社区党员干部为主体的“党旗红”、以社区广大妇女为主体的“巾帼红”、以社区中老年居民为主体的“夕阳红”、以社区社会组织联合会为主体的“歌声红”和以社区中小学为主体的“映山红”五支不同类型的志愿服务队。

志愿服务队从萌芽到成长、成熟，共开展贴近民生的志愿服务活动1000余次，有效地解决了小区空巢老人家务难、单亲病人就医难、残疾老人取钱难、弱势群体官司难等种种涉及居民切身利益的问题。

赵玉莲带领志愿服务队，化解了社区各类纠纷和矛盾，解决了群众反映突出的脏、乱、差、下水道、化粪池、路灯、健身场地等问题，据不完全统计，受益人数达十万多人次。

以社区为家，在社区当家。赵玉莲说："宝城社区就是我的家，我没有离开过一天，每一个街坊都处成亲人了。"她还说："社区工作，说实话特别累！可每当大伙拉着我的手亲切地喊一声'赵书记'，我又觉得充满了力量。"

听好人故事

多如繁星的孩子　爱心无疆的妈妈

江苏省灌云县扶轮村小学环境艰苦、教学条件很差，是一所“水上学校”——它只有一条流动的木船，一口船舱就是教室。这里的学生 90% 是留守的船民子弟，王英在这里工作时，学生们都亲切地叫她“王妈妈”。

1997 年冬天，王英班上的学生留柱身患重病转进了市人民医院。王英走进病房的时候，只见留柱双眼紧闭，脸色灰暗，鼻孔里插着氧气管，躺在病床上一动也不动。

王英强忍着泪水，轻轻地拍着留柱的肩膀，小声地说：“留柱，王老师来看你了！”

这时，孩子睁开了眼，露出了笑意，紧紧地抓住王英的手，激动地说："王妈妈，你真好！下学期，我妹妹就升级到你班了，你可千万不要调走啊！"

王英含着眼泪坚定地告诉留柱："王妈妈不走！"

时隔不久，死神夺走了留柱幼小的生命。为了孩子的临终心愿，也为了兑现自己的一句诺言，王英坚持留在这里任教，一教就是十几年。

她每年都要从自己微薄的工资里拿出一些钱为学生买衣服、买奖品；每逢刮风下雨，她家就会有十多个学生一起吃饭，一张大床上经常挤七八个学生睡觉。

其间，也有不少人曾多次劝她调走，她却坚定地说："人不能失信，我已答应了留柱。你不来教，我不来教，船娃谁来教？"

如今，王英已经记不清自己资助了多少孩子，但她清楚地记得其中已有30多人考上了大学。

2010年，王英受聘担任益海助学中心孤儿的"妈妈"。2012年，第一批孤儿入住益海学校，面对全新的生活环境、陌生的面孔，许多孩子的眼神中满是不安与惶恐。

这些孩子刚来学校时不太适应集体生活，大些的不团结、小些的爱哭闹，不懂规矩、不懂礼貌，有的还尿床，有的满头是虱子，有的甚至偷东西。

一个叫欢欢的小女孩，把自己关在宿舍的衣柜里怎么也不出来，好不容易哄她开了柜门，只见她用床单把自己裹得严严的，缩在柜子里瑟瑟发抖，小脸蛋上泪水横流，边抽噎边断断续续地说："人家都说……来这里的……是没人要的孤儿。我……不是孤儿，我还有……爷爷，我要回家。"那一刻，王英的心都碎了。她深知，孩子心灵上的创伤，必须用母爱才能抚平。

从此，王英放弃节假日，24小时跟踪服务每一名孤儿。她每天和孩子们一起吃住，一起游戏，一起温习功课，一起走进课堂上课。

平时，她既当"妈妈"，以爱心拉近师生之间的距离；又当"心理咨询师"，疏导孩子的心理障碍；还当"保姆"，悉心照料孩子们的生活起居。

由于学校地处偏僻乡村，位于大山的后面，夏季异常炎热，蚊子又大又多，给孩子们夜晚的就寝造成了很大的困扰。夜里，王英总是要起来数次，给孩子们掖蚊帐、纠正睡姿，避免孩子被蚊子叮咬；有几个孩子爱尿床，她还得定时叫他们起来，以免尿湿床铺。

冬季寒冷刺骨，孩子们一不小心蹬了被子就会发烧感冒，王英时不时也要起床，检查孩子们的被子，用手摸他们的额头，看有没有发烧。

一个寒冷的冬夜，王英在检查宿舍时发现有4个孩子同时发烧。她连夜带孩子们去了医院，通宵陪护着他们，几乎没有合眼。到第二天晚上，其中一个孩子持续高烧不退，王英又抱起他赶到医院。等孩子输上液，慢慢退烧了，依偎在王英怀里说：“王妈妈，您辛苦了！”旁边的人这才知道他们不是母子。

为了锻炼孩子们的自理能力，王英设法在学校开设了一间爱心超市。她给每个孩子发放积分卡，鼓励孩子在平时的生活学习中好好表现、获得积分，然后凭借积分去超市兑换心仪的物品。

果然，这一做法很奏效，孩子们总会自觉地把自己的卫生、床铺物品等整理得井井有条，令老师们赞不绝口。

有时候，王英带着孩子们在菜园里拔草、种菜、浇水、施肥，享受劳动的乐趣。

为了让孩子们的周末和课余时间过得有意义，王英请来了音乐老师、乐器老师、舞蹈老师、美术老师，让孩子们接受艺术的熏陶。

如今，中心有两个孩子进入连云港艺校专攻中国舞专业。助学中心成立的民族乐队成为灌云县首支民乐队，还多次登上春晚的舞台，孩子们有了展示自己的舞台，脸上洋溢着自信的笑容。

有一次，初中毕业的鑫鑫即将远赴市区读高中，在临行前他一把抓住王英的手，跪下来咚咚咚地磕了几个响头，泪流满面地说："王妈妈，我马上就外出读书了，您永远是我的妈妈，这里永远是我的家。"

在爱心的浇灌下，益海学校的孩子们都已经把这里当成了自己的家，把王英当成了自己的亲生母亲。

王英的儿子有一次开玩笑说："妈妈，如今加上我，您就有一百多个孩子了，估计是世界上最高产的妈妈啦！"

听好人故事

“编外教师”的交通课堂

说起安全出行，与我们每个人的生活都息息相关。为了提高群众的交通安全意识，减少交通事故率，安徽亳州的一位交警可谓绞尽脑汁。针对不同的对象，他采取了不同的策略，通过吸纳普法宣传志愿者、组建普法宣传队、举办普法宣讲活动、发朋友圈、开直播、开展文艺演出等方式，让辖区内广大人民群众受到交通安全法规和交通安全知识教育。他叫赵飞，是亳州市交警支队一大队副大队长。

在乡村，赵飞通过“管和治”结合的手段，探索出一条“投入少、效果好、受教面广”的农村交通安全宣传教育新机制，组建了交警普法宣传队，借助乡村大舞台开展交通安全宣传教育活动。

赵飞还把乡村干部也吸纳进来，壮大普法宣传志愿者服务队伍，把党员干部、老师等变成“义务交通安全宣传员”，将村头“大喇叭”变成农村交通安全教育“直播间”。

安徽省曾对赵飞的这种宣传方式作出批示并专门下发文件，要求在全省推广这种农村交通安全宣传工作模式。

在校园，赵飞将师生和家长集中在一起，围绕“如何避免事故的发生”“如何让孩子们平安回家”的实际问题，结合学校周边的安全案例为大家讲解安全知识，通过对每个事故案例进行剖析和探讨，让大家在事故案例中了解到他们日常出行中的交通安全隐患。

赵飞还编印了交通安全知识读本，每月为学生上一堂交通安全课。赵飞说：“教育一个学生，就能影响一个家庭。”

考虑到大多数学龄前儿童每天上学放学都是由爷爷、奶奶驾驶电瓶车接送的现状，赵飞还带领同事建立交通安全“早教”基地。

交通安全“早教”基地的建立，促使学校将道路交通安全课程纳入到日常教学中，从体制上改变了交警单兵宣传交通安全的传统模式，形成了抓小带老、“小手”牵起“夕阳红”宣传交通安全的新型模式。

随着人们获取信息渠道的变化，赵飞还专门开辟了微信、微博、微视，利用家长微信群、校讯通等新媒体影响更多的人。

“雾天行车安全技巧”“开车门一定要向后看看”……这些驾车“锦囊”，赵飞都是信手拈来，作为自己朋友圈的日常状态。据不完全统计，在他的朋友圈里，有关交通安全的知识信息有数万条。

随着网络直播的流行，2017 年，赵飞也踏上“互联网+”的列车，开了自己的“微直播”，从不同类型、不同层面对交通安全知识及公安形象进行理解和诠释，让观众在欢乐中学到交通安全知识。

截至目前，赵飞共策划举行了50多次“微直播”活动，被近百万人浏览、关注、转发。

为了将交通法规送进千家万户，赵飞不断创新宣传形式，用行动诠释着一名交通警察的敬业心和责任心。如今，在辖区的交通安全教育基地、社区、田间地头、医院、超市等场所，宣传交通安全知识的活动无处不在。

赵飞说，通过这些年的努力，辖区事故起数、受伤人数、财产损失，特别是事故死亡人数都有了明显的下降。

脚步不能停下来。对于赵飞而言，文明交通宣传永远在路上。

听好人故事

耄耋老人挺起“中国制造”的脊梁

来到安徽合肥高新区合肥皖化电机技术开发公司，远远就能听到机器轰鸣声不绝于耳。车间里有一位头发花白、精神矍铄的老人，他就是合肥皖化电机的“掌门人”姚崇全。

姚崇全年轻时参过军，退伍后当过工人，做过教师，后来负责一家校办工厂，带着几个人做一些修修补补的工作，而修理电机是他们的主要业务。肯钻研不服输的姚崇全，做什么事都要弄清它的来龙去脉。几年下来，他竟然凭自己掌握的技术和工艺在市场上打下一片天空。

随着修理电机市场的扩大，姚崇全的名声也随之传播，一些大型企业的高端电机都请他去修理，再难修的电机在他的手上都能很快地转起来，通过修理电机，积累了技术，形成了一帮有技术的工人团队。

有雄心的姚崇全，修理电机并非他的终极目标，他一心要做一个对社会、对国家有用的人。

1993年，年近60岁的姚崇全，凭借自己在电机厂十几年过硬的技术和不认输、不怕输的闯劲儿，带着几个学徒走上了攻克大型电机维修难题的漫漫长路。

后来随着市场调整，姚崇全逐渐把企业发展方向拓展到电力系统。这时，他发现炉水泵作为大型火力发电机组的重要设备，其市场一直被外国企业垄断。

2000年，广东省粤电集团沙角C电厂的一次炉水泵故障，给了姚崇全展示实力的绝好机会。因为企业注册资金少，公司规模小，对方并不相信刚刚起步的皖化电机，姚崇全找到了当时的山东省电科院，一起拿下了这一检修项目，获得了证明自己的机会。

姚崇全成功证明了自己，并不是一次偶然，他的秘诀在于敢想敢做敢拼的精神以及不懈的努力。凭着一腔不变的热血，姚崇全始终坚持创新，这才打破了炉水泵生产一直被国外企业垄断的局面。

炉水泵作为大型火力发电机组的重要设备，是一种特殊的超高温、超高压产品，只有德国、英国的少数企业能生产具有自主知识产权的炉水泵。一直以来，国内炉水泵市场一直被国外垄断，严重制约了我国电力行业的发展。

为了改变这一被动局面，姚崇全做出了一个大胆的决定：带领团队研发制造自己的炉水泵！这是一条外行人难以想象的坎坷道路，姚崇全带领团队攻坚克难，进行了长达数年没日没夜的实验。

不断地失败，不断地总结经验，在经历了数百次的失败后，姚崇全带领的攻关团队不仅成功研发出中国自己的炉水泵，而且在技术水平和质量上都有了重大突破。

2005年，姚崇全带领皖化电机进入炉水泵设计制造领域一炮打响，一举成为国内首家、国际上继英国和德国两家公司后，第三家拥有自主知识产权的炉水泵设计制造公司。皖化电机像一匹黑马冲入市场，迫使对手大幅降低价格。

2017年9月，金砖国家领导人第九次会晤在福建省厦门市举行。会议期间，承担供电保障任务的一号锅炉水循环泵突然出现故障。如果把这套设备寄回德国原厂检修，至少需要四五个月的时间。这时候，相关方面找到了姚崇全，要求他在60个小时内完成抢修任务。

他们仅耗时18个小时就完成抢修任务，时间之短，效率之高，创下锅炉水循环泵检修史上的最短时间记录。这一次，姚崇全和他的皖化机电再一次展示了他们令人咂舌的实力。

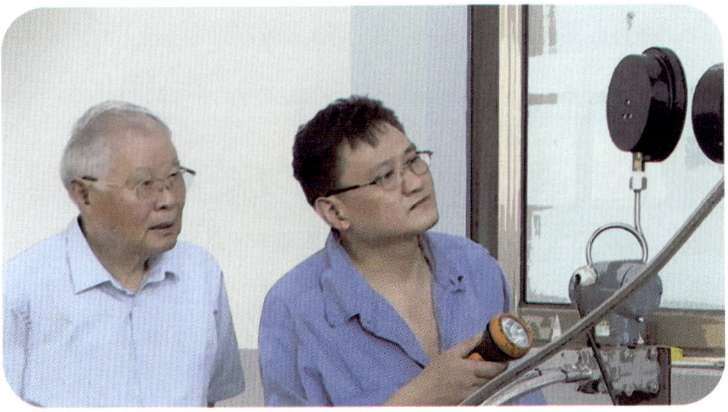

如今，年近80岁的姚崇全，思维清晰活跃，依然坚持着几十年如一的信念——“中国人只要想做，没有做不成”，时刻准备着把自己全部的力量用来发光发热。

追求无止境，创造无尽头。皖化人在姚崇全的带领下，仍在不断进取、发展和创新。

面对新时代的变化，那些曾经日夜奋斗过的时光，全都变成闪亮的日子，被镌刻在皖化人的记忆和中国人的心里。

听好人故事

戍边夫妇不畏艰苦写忠诚

付永强家住新疆生产建设兵团第十师北屯市一八六团武装部北沙窝哨所，一家四口人。付永强的妻子是十师一八六团武装部的职工，他们的一双儿女，大儿子已经参加工作，担任十师武装部应急分队的班长，小女儿还在上学，一家人生活得十分幸福。

北沙窝哨所地处褐里格库木沙漠边缘，距离一八六团团部11公里。夏天伴随哨所的是从早到晚的大风刮起的沙尘，吹得人睁不开眼；冬天是积雪覆盖、北风呼啸的寒流，让人寸步难行。当时哨所水、电未通，取暖只是依靠一个小铁炉。付永强一家进驻后，没有向恶劣的气候环境低头。每天在边境线上巡逻10余公里，把情况如实向上级汇报，是付永强的任务，不论春夏秋冬，他每天与妻子一道，巡逻在该哨所地段10余公里的沙漠边缘及沙漠腹地。付永强夫妇还刻苦学习边境管理法律法规相关知识，随时掌握边境一线情况，当好边境一线的守护者。

记得在2013年4月的一天，付永强带着妻子像往常一样巡逻在边境线上，在到达边境线界碑处，突然发现大量羊群正在靠近边境铁丝网，如不及时将其赶回，将发生牲畜越界涉外事件。付永强夫妇毫不犹豫地将羊群赶回并找到放牧人，原来是一名哈萨克族同胞所放的羊群。夫妻二人及时向这名哈萨克族同胞宣传了边境管理的相关法律法规，提醒其以后放牧一定要遵守边境管理规定，防止发生人畜越界。由于他们的果断，及时制止了一起因牲畜越界造成的涉外事件。

为了改变北沙窝哨所恶劣的环境，2013年4月，一八六团党委决定对此哨所进行硬化和绿化。为做好哨所的绿化工作，夫妻俩坚持在哨所周边的沙漠地带植树。付永强带着妻子一边巡逻，一边做好所栽种的近3万棵树木及300余亩沙地绿化的管理工作。为使哨所成为以劳养武的基地，哨所旁边建起了羊圈，他在师市总工会5万元帮扶资金的扶持下购买了70余只小尾寒羊，发展起了养殖业，如今已发展为200余只的羊群，生活虽很清苦寂寞但充实而有意义。曾经的哨所黄沙漫天，如今已变得绿意盎然，夫妻俩用实际行动书写着沙漠变绿洲的传奇。

“我家住在路尽头，界碑就在房后头。界河边上种庄稼，边境线上牧牛羊。”这就是付永强夫妇生活的生动写照。为了让63号界碑更加醒目，付永强夫妇每年都要给中哈界碑刷漆，让国人铭记。

2013年以来，付永强先后被阿勒泰地区公安边防部门、十师北屯市和一八六团授予“优秀护边员”“最美北屯人”“优秀民兵”“师市劳动模范”等荣誉称号；2015年，付永强获得兵团屯垦戍边劳动奖章；2016年，付永强家庭先后获得兵团和全国“最美家庭”荣誉称号。

获得诸多荣誉的付永强夫妇依然保持着最初的那份淳朴、那份执着，继续履行着屯垦戍边的神圣使命。

听好人故事

后记

HOUJI

2014年9月5日，中国文明网结合开展多年的网上“我推荐我评议身边好人”活动，策划推出了《好人365》专栏，一年365天，每天讲述一位中国好人的故事，弘扬生活中的真善美。截至目前，栏目已推出2100多期，受到社会各界及广大网友的关注和好评，仅新浪微博话题阅读量已逾24.3亿。与此同时，中国文明网分别于2015年12月、2017年3月、2018年12月，编辑出版了线下同名读本《好人365故事》（青少版）第一季、第二季、第三季，面向青少年读者特别是在校中小学生宣传身边的凡人善举、平民英雄。三季15本，460多个小故事，让孩子们看到了身边很多普通人向上向善的可贵品格，感受到了当代中国在追求美好生活、实现伟大梦想征途上的情怀、境界、精神和力量。

为进一步深化社会主义核心价值观宣传教育，引导青少年学习先进典型，我们在以往工作的基础上，继续从《好人365》栏目中精选了163个精彩故事，汇编成《好人365故事》（青少版）第四季。本季图书分为《助人为乐》《见义勇为》《诚实守信》《敬业奉献》《孝老爱亲》五册，故事真切感人，语言流畅生动，并配有大量彩色图片。每个故事都在文末添加了二维码，读者通过扫描二维码还可听故事。

习近平总书记指出：“世界上最难的事情，就是怎样做人、怎样做一个好人。要做一个好人，就要有品德、有知识、有责任，要坚持品德为先。”希望这套故事书能够帮助和引导青少年朋友们学会做人、学会做一个好人；能够从身边做起、从小事做起、从现在做起，扣好人生第一粒扣子；能够学习和传承中华优秀传统美德，自觉践行社会主义核心价值观，在人生道路上走得更正、走得更远；也希望更多人能从这些故事中汲取精神营养、感悟道德力量，争当身边好人、争做时代新人，不断凝聚起实现中华民族伟大复兴中国梦的强大力量。

本书在编辑过程中得到了中宣部、中央文明办领导同志的关心和支持，各省（区、市）文明办、文明网积极参与，提供了大量素材。中国文明网承担了本套书的牵头组织协调工作，在此表示衷心感谢！